역량강화와 혁신을 향한

기본사회

다시 만날 세계의 이야기

모든 국민의 기본적 삶을 보장하는 담대한 전환

역량강화와 혁신을 향한
기본사회
다시 만날 세계의 이야기

이한주
은민수
김정훈
신영민

지속가능
공정사회

혁신
INNOVATION

역량 강화
CAPABILITY

기본사회
BASIC SOCIETY

다반

프롤로그

헌법이 보장하는
기본적인 삶

　기본사회란 무엇일까? 간단히 한 줄로 요약하자면, '모든 사람에게 기본적인 삶이 보장되는 사회' 정도로 정의할 수 있다. 다만 이러한 정의가 와닿지 않을 수 있다. 기본사회가 '기본적인 삶'이 보장되는 사회라는 것은 동어반복 같은 느낌이다. 그래서 이 책에서는 도돌이표같이 느껴지는 기본사회를 풀어서 하나씩 설명한다. 왜 기본사회가 필요한지, 기본사회란 무엇이며 왜 우리에게 유익한지, 우리 헌법에 숨어 있는 '기본적 삶'이란 무엇인지, 기본사회는 복지국가와 무엇이 다른지, 기본사회와 성장은 어떠한 관계가 있으며 구체적으로 어떠한 제도와 정책으로 움직이는지, 그래서 앞으로 미래의 기본사회는 어떠한 모습일지 등을 쉽게 이해하도록 돕기 위해 이 책을 쓰게 되었다.

'기본적인 삶'은 우리 헌법에서 보장하는 인간의 모든 권리, 국민이라면 좋은 삶을 살기 위해 당연히 누려야 할 모든 것들이 충족되는 삶을 의미한다. 그리고 기본사회는 이러한 헌법이 보장하는 국민의 기본적인 삶을 위한 국가 비전이자 운영계획이다. 기본사회는 단순히 복지정책이나 소득분배에 국한되는 것이 아니다. 주거, 의료, 돌봄, 교육, 교통 등 인간다운 '기본적 삶'의 구현을 위해 필요한 모든 영역에서 국민의 기본적 권리를 최대한 실현하는 정책 방향이자 기준이다. 기본사회에서 국가정책의 평가 기준은 오로지 '이러한 정책이 국민의 기본적인 삶을 보장할 수 있는가?'가 될 것이다. 이는 동시에 종래의 복지국가를 적극적, 현대적으로 계승해 필요와 욕구에 기반하던 복지를 권리에 기반해 제공하고, 개인의 기본적 삶을 국가가 책임진다는 기조이다.

이러한 '기본적 권리', 즉 기본권은 생명을 지킬 권리, 국가폭력으로부터 억압되거나 구속받지 않는 권리, 정치적 의사를 표현하는 권리만으로 그치지 않는다. 인간이 인간답게 살 수 있는 권리까지 포함한다. 인간답게 살려면 단순히 먹고 입는 것만 해결하는 수준이 아니라, 아프면 부담 없이 치료받고, 추울 때는 따듯하게, 더울 때는 시원하게 몸을 누일 집에서 살고, 내게 필요한 공부를 걱정 없이 하고, 자신이 바라는 활동에 참여하는 등 인간으로서의 존엄을 지킬 수 있는 생활을 해야 한다. 이는 헌법이 보장하는 국민의 권리이기도 하다. 우리 헌법은 개인의 자유와 권리를 다양하고 폭넓게 보장한다. 설사 헌법의 조항에 열거되지 않았더라도 필요한 권리를 보장하게끔 하고 있다. 기본사회는 헌법에 열거된 권리를 폭넓게 보장하고, 열거되지 않은 권리도 어떻게 확대할지 구상한다. 아마도 이 책의 마지막 장을 덮게 되면 보다 명료하게 기본사회에 대해 이해할 수 있게 되리라 생각한다.

사실, 아직 국내에서는 '기본사회'에 대해 제대로 소개된 적이 없다. 비단 우리나라뿐만 아니라, 세계적으로도 기본사회라는 개념은 생소하다. 민주당의 강령이나 몇몇 기관의 보고서, 짧은 글에서 언급되긴 하였지만 이 책처럼 체계적으로 소개하는 일은 거의 처음이다. 왜냐하면, 기본사회는 우리가 주도해서 만들어 가고 있는 사회의 모습이기 때문이다. 조금 관심이 있는 독자라면, 기본소득이라는 말은 그나마 익숙할지 모른다. 모든 사람에게 조건 없이 정기적으로 주는 현금 정도로 알고 있을 것이다. 그래서 기본사회를 한다고 하면 기본소득을 연상해서 '돈이 많이 드는 것 아냐?', '왜 일하지 않는데 돈을 받지?' 이러한 생각을 할 수 있다. 그런데 기본사회에서 기본소득을 논의할 수 있지만, 기본사회의 전부는 전혀 아니다. 오히려 기본사회는 사회, 경제, 환경을 아우르는 훨씬 더 넓은 개념이자 우리 사회가 나아가야 할 국가 비전이다. 기본소득은 기본사회가 고려해 볼 수 있는 정책수단 중 하나에 불과하다. 기존의 여러 제도를 잘 엮어 각자의 인생에서 끊김 없이 충분한 소득을 보장받게끔, 그래서 기본적인 먹고 사는 걱정이 없게 하는 것이 기본사회가 추구하는 바이다.

그리고 기본사회는 생애에 걸쳐 충분한 소득을 보장하는 것뿐 아니라 기본적 삶을 지원하는 공공서비스를 강조한다. 기본사회에서 제공하는 기본서비스는 필요와 지역의 상황에 따라 유연하게 여러 형태로 제공할 수 있다. 이미 시행 중인 공공서비스를 누구나 접근할 수 있도록 보편적으로 확대할 수 있고, 우리 시대에 필요한 새로운 기본서비스를 지역 상황에 맞게 도입할 수도 있다.

기본사회는 생애소득 보장과 기본서비스 외에도 다양한 제도들로 움직인다. 대표적으로 사회적경제나 협동조합 같은 제도가 기본사회에서는 중요하다. 이는 기본사회를 실행하는 핵심적 전달조직일 뿐 아니라 시장과 국가만으로 창출할 수 없는 일자리와 서비스를 담당하기 때문이다.

그래서 오히려 기본사회는 많은 사람이 더 일하고 사회에 참여하며, 가능하면 자신의 역량과 필요에 맞는 곳에서 일하게끔 하는 사회이다. 기본사회는 하루아침에 생긴 개념이나 정책이 아니다. 책에서 자세히 소개하겠지만, 기본사회의 출발점이 될 수 있는 정책들은 이미 우리 사회 곳곳에서 실험 중이다. 그래서 기본사회는 돈이 많이 들지도 않고, 생소하지 않으며, 조금씩 사회를 바꿔 나가는 실험이다. 각자의 상황과 지역의 여건에 따라 구체적인 기본사회 정책은 다를 수 있다. 이렇듯 기본사회를 정의하는 작업은 여기저기 흩어져 있는 구슬을 모아 하나로 엮어 내는 일이기에 쉽지 않다. 이러한 면에서 기본사회는 지금도 진화하고 있는 살아 움직이는 개념이다.

기본사회에 대한 책을 구상하게 된 건 2024년 11월 말쯤이다. 기본사회가 이재명 대통령의 대표 정책으로 여러 사람들의 입에 오르내리게 되었고, 이에 기본사회에 대한 전문적이고 학술적인 연구를 몇 차례 진행했다. 여러 분야의 전문가들을 모아 서로 의견을 듣고 토론하며 기본사회의 큰 그림과 세부적인 명암을 그려 갔다. 한편으로 지방정부에서 실행 중인 기본사회의 모범 사례가 될만한 정책들을 모아 사례집을 만들기도 했다. 그렇게 정리하던 기본사회의 모습을 많은 사람들이 알 수 있도록 널리 알려야겠다는 생각에 대중서를 집필하기로 했고, 누가 읽어도 이해하기 쉽고 명확하게 전달할 수 있는 내용으로 구성했다.

한창 책이 구상되던 중 12·3 비상계엄 사태가 급작스럽게 발발했다. 한달음에 국회로 달려와 준 시민 덕에 계엄군이 국회를 장악하지 못했고, 계엄 해제안을 신속히 의결해 불법 계엄을 막을 수 있었다. 이어진 탄핵 집회에서 소녀시대의 '다시 만난 세계'는 지금의 고난을 이겨 내고 새로운 시대를 염원하는 시민의 바람을 담은 상징이 되었다. 동시에 이는 세대와 세대를 잇는 민주 정신을 담아냈다. 기성세대는 피땀으로 일궈 낸 민주화를 겪지 못한 지금의 청년세대가 광장에 나올지 걱정했지만, 청년들은 누구보다 앞서 광장에 나와 희망을 노래했다. 민주주의를 지키려는 정신이 온 세대에 걸치게 되었다. 이 노래가 세대를 이어 **전해지는 슬픈 시간**을 위로하는 희망이 되었다. 1장에서는 왜 우리가 눈부신 경제 성장과 민주화라는 기적에도 불구하고 광장에 모여 다시 슬픔과 희망의 노래를 부르게 되었는지, 위기의 원인에 대해 이야기한다. 세대를 이어 여전히 반복되며 악화하는 사회 문제들을 이야기한다. 그리고 새로운 시대에 우리가 마주한 위기와 도전, 그리고 이들이 발생한 주요 원인을 살펴본다. 우리는 기본사회가 그동안 누적된 문제와 당면한 위기를 해결하기 위한 토대이자 모두가 바라는 희망을 현실에서 실현하는 사회라는 점을 강조한다.

우리는 책을 쓰며, 기본사회가 많은 시민이 염원하는 **다시 만**

날 세계가 될 것이라 확신하게 되었다. 2장에서는 서로 돕고 돌보며 모두가 기본적인 기회를 보장받는 사회만이 지속적으로 번영가능하다는 점을 밝힌다. 기본사회는 누구나 인간다운 삶을 누릴 기초를 마련하며, 서로 자유롭게 경쟁하기 전에 함께 성장하고, 상호 협력하며 돌보는 사회 원칙이다. 이는 인류가 발전해 온 역사 속에서, 진화적으로도 사회가 안정적으로 유지되기 위한 가장 좋은 전략이기도 하다. 인간은 사회적 동물이라는 말처럼, 우리는 혼자서 살 수 없으며, 끊임없이 다른 사람과 관계 맺고 어울려 살아간다. 이 가운데 한두 번은 누구를 속이거나 타인의 이득을 부정하게 취함으로써 단기적인 이익을 얻을 수 있지만 이러한 행위가 사회를 지배하면 공동체는 유지될 수 없다. 그래서 기본사회는, 새로운 기본권 패러다임과 혁신적인 정책에 근거하기에 새로이 **'만날'** 세계이지만, 협력과 상호 돌봄이라는, 인류가 오랜 시간을 두고 발전시켜 온 원칙에 근거하기 때문에 **'다시 만나는'** 세계이다.

진화생물학, 게임이론, 심리학, 경제학 등 여러 분야의 연구는 이미 인간이 이기적이면서도 동시에 협력과 상호 호혜를 추구하는 존재임을 보여 준다. 이 점에서 기본사회는 인간의 본성을 살리는 사회체계이다. 모두가 기본적인 생활을 보장받으면서, 서로 도움을 주고받는 기본사회가 복합 위기에 직면한 지금의 대한민국에 절실하다. 새로운 사회적 위험이 도래하면서 전통적인 국가가 한계에 부딪힌 지금, 21세기에는 새로운 사회로 모두에게 공정한 기회를 보장하고, 능력주의를 넘어 각자의 역량을 최대한 키우는 사회가 제도적으로 뒷받침되어야 한다.

3장에서는 기본사회에서 보장하는 기본권의 범위와 내용, 그 헌법적 기초를 살펴본다. 기본사회는 사회적 존재인 인간의 특성을 고려하면 자연스러운 귀결인 동시에, 이미 그 기초에서부터 우리 헌법 정신을 충실히 구현하려는 헌정주의적 실천이기도 하다. 기본사회는 헌법에 보장된 기본권을 충실히 실현해, 모든 국민이 기본적인 삶을 보장받아 자신의 역량을 펼치고 실질적 자유를 누리는 사회이다. 그간 우리 사회가 최소한으로만 보장하던 삶에 대한 권리(사회적 권리)를 최대로 보장하는 사회이다. 이를 국가와 사회가 책임지는 구상이다. 모든 국민이 **변치 않을 사랑의 마음**으로 각자의 삶을 지키는 공동체 사회이다. 그리고 이는 우리의 헌법정신에 근거한다. 우리 헌법은 모든 인간이 평등하고, 행복을 추구할 수 있으며, 인간다운 삶을 살 권리가 있다고 천명한다. 인간다운 삶을 위해서는 소득, 일자리, 주택, 교육, 의료, 보건, 이동, 민주주의 등 삶의 여러 영역에 필요한 서비스와 권리가 충분하게 보장되어야 한다. 기본사회는 12·3 불법 계엄으로 땅에 떨어진 헌법 정신을 실천하는 계획이다. 생뚱맞거나 허무맹랑한 것이 아닌, '옛것을 밝혀 새롭게 하는' 온고지신의 구상이다.

4장에서는 우리가 기본사회를 통해 1장의 **슬픈 시간을 떠나 보내고**, 새로운 사회를 열 수 있음을 보인다. 기본사회의 가치와 주요 원리, 그리고 어떻게 기본사회가 우리 사회, 경제, 환경의 문제를 해결하는 토대가 될 수 있는지를 다룬다. 혹자는 기본사회를 오해하기도 한다. 기본사회는 포퓰리즘 정책 아닌가? 단순히 복지정책 아닌가? 기본소득 하자는 것 아닌가? 모든 사람의 삶을 충분하게 보장하면 사람들이 더 이상 일하지 않고 게으르지 않을까? 괜한 헛돈 쓰는 것 아닐까? 등이 이러한 오해이다. 이러한 오해가 생기는 것도 이해는 되지만, 이러한 편견과 오해는 기본사회가 충분히 소개되지 않았기 때문에 일어났을 것이다. 그래서 이 책을 쓰게 되었다. 기본사회는 공정으로서의 정의, 민주주의, 역량 강화, 지속 가능성이라는 시대적 가치를 추구한다. 이들 가치를 실현하기 위한 기본사회의 원리와 제도는 협소한 복지국가라는 개념을 넘어 우리 사회에 놓인 문제와 위기를 기회로 만들고 지속 가능한 발전을 위한 토대로 작동한다. 기본사회는 단순한 나누기나 퍼주기가 아닌 경제성장에 필요한 기초를 다지는 전략이며, 기본사회에서만이 새로운 성장과 혁신을 기대할 수 있다는 점을 알게 될 것이다. 기본사회는 모든 국민이 기본적 삶을 누려 자신의 역량과 생산성을 높이고, 이것이 사회 혁신과 참여, 성장으로 이어져 선순환하는 과정이다.

하지만 기본사회가 **특별한 기적으로 만들어지는 것은 아니다.** 기본사회는 사회에 대한 우리의 관점, 기본권에 대한 인식, 경제 성장의 방식을 바꾸는 혁신적 발상이지만 그 실천은 가까운 곳에서부터 시작된다. 제5장에서는 구체적인 기본사회의 정책을 설명하고 다양한 사례들을 소개한다. 크게 기본사회는 생애 소득보장, 보편적기본서비스, 사회적경제의 세 가지 핵심 제도로 추릴 수 있다. 현재도 아동수당, 기초연금, 실업수당과 같이 여러 형태로 소득이 지원되고 있다. 하지만 빈곤을 면하는 수준이 아니라 삶의 전 시기에 걸쳐 충분하게, 먹고사는 문제를 고민하지 않아도 될 정도로 지원하는 것이 중요하다. 서비스도 마찬가지로, 돌봄이나 의료만이 아니라 주거, 교통, 금융, 교육 등 일상에 필요한 서비스를 확대해, 필요한 누구에게나 조건 없이 지원해야 한다. 일일이 필요한 것을 찾아다니지 않고 사회가 찾아가게끔 해야 한다. 그리고 이는 많은 지방정부에서 구체적인 형태로 실험 중이다. 국가와 기업만으로 온전히 다루지 못하는 문제는 협동조합과 사회적경제의 형태로 메우게 된다. 즉, 기본사회의 발상은 혁신이지만, 실천은 점진이다. 그래서 특별한 기적은 아니다.

기본사회의 포용적이고 혁신적인 제도는 분명 사회의 대개혁과 대전환을 바라는 많은 사람들이 담아낸 미래의 모습이다. 여러 위기로 인해 사람들이 겪은 곤경과 어려움, **헤매임의 끝**에 있는 것이 기본사회다. 그럼에도 여전히 기본사회는 위태롭다. 우리는 반세기 간 눈부신 성장과 민주화를 이루었지만 불법 계엄으로 인해 실상은 그러한 성과와 이를 지탱한 제도가 백척간두 위에 서 있는 아슬아슬한 형국임을 확인했다. 그래서 기본사회를 실현하더라도, 우리 앞에는 여전히 수많은 알 수 없는 길이 남아 있고, 그 속에서 희망을 찾아야 한다. 우리의 경제와 사회, 정치를 보다 안정시키려면 기본사회도 지속적인 혁신이 필요하다. 에필로그에서는 기본사회 그 너머의 사회, 기본사회의 미래를 이야기한다.

이 책이 나오기까지 많은 분들의 도움이 있었다. 그간 기본사회에 대한 여러 공부 모임에서 만난 많은 전문가가 기본사회의 전반적인 밑그림을 그리는 데 큰 도움을 주셨다. 또한 기본사회의 정책 사례를 수집하기 위해 만났던 여러 지방정부 단체장님과 실무자는 기본사회의 구체적인 제도와 정책이 어떻게 작동하는지 설명하는 데 도움이 된 여러 자료를 제공해 주셨다. 그분들의 노고와 도움에 감사드린다. 거친 초고를 다듬어 책을 만드는 데 도움을 주신 다반 출판사의 노승현 대표와 편집자들께도 심심한 감사를 전한다.

하지만 이 책이 나오기까지 가장 많은 도움을 받고 큰 빛을 지게 된 분은 이 글을 읽고 있는 시민들이다. 불법 계엄을 막지 못했다면, 그래서 경제가 무너지고 정치가 무너지고 사회가 무너졌다면, 이 책도 빛을 보지 못했을 것이다. 이미 많은 상처를 입은 우리 사회지만, 그래도 희망의 빛은 이번 집회에서 다양한 색으로 빛나던 시민들의 모습이다. 지난 2016년의 촛불 혁명에서 우리는 광화문에 모여 한 빛으로, 한마음으로 어둠을 몰아냈다. 이번 2024년의 국회 앞에서는 여러 다양한 색으로 총총히 빛나 한마음으로 모였다. 2016년의 광장도 민주적이었지만, 여러 색으로 빛난 2024년의 광장은 각자 다른 개성을 가진 사람들이 모여 어우러지는 우리 사회를 그려 냈다. 기본사회는 그런 다양성을 담아내며 하나의 목표를 향해 가는 모습일 것이다. 부디 이 책이 그런 기본사회를 만드는 데 밑거름이 되기를 바란다.

2025년 6월
저자를 대표하여
이한주

차례

프롤로그　헌법이 보장하는 기본적인 삶 … 004

1　전해지는 슬픈 시간: 위기의 원인

01　한겨울 밤의 악몽 … 021
02　한강의 기적과 위기 … 024
03　위기의 원인과 결과 … 030
04　왜 해결되지 않을까 … 038
05　대외적인 위기 요인 … 044
06　다가올 위기: 기후위기와 AI 혁명 … 049
07　모든 위기의 위기: 민주주의의 위기 … 053
08　우리는 어떻게 해야 할까 … 057

2 다시 만날 세계: 기본사회의 철학적 기초

01 사람들은 왜 협력할까 … 065
02 코로나19의 경험과 새로운 계약의 필요성 … 077
03 공정한 사회를 위해 필요한 조건 … 086
04 분배 정의와 다름의 인정 … 091
05 기본사회는 동반성장으로 가는 디딤돌 … 097

3 변치 않을 사랑의 마음: 기본사회의 헌법정신

01 인간의 기본적 욕구와 자유롭고 민주적인 사회 … 107
02 인간존엄의 실천을 위한 사회적 기본권 … 114
03 행복추구권과 인간다운 생활을 할 권리 … 119
04 기본사회의 일곱 가지 정의 … 127

4 슬픔은 이제 안녕: 기본사회의 원칙과 제도, 역할

01 기본사회가 추구하는 핵심 가치 … 133
02 기본사회를 움직이는 실행 원리 … 147
03 기본사회 구현을 위한 3대 제도적 축 … 157

04 기본사회가 만드는 세상 ⋯ 167
05 기본사회의 '21세기 대한민국 권리장전' ⋯ 186

5 특별한 기적은 아닌: 기본사회의 정책과 사례

01 기본적 삶의 보장을 위한 구체적 정책들 ⋯ 195
02 우리 소득보장제도의 문제 ⋯ 198
03 기본적 삶을 위한 소득보장제도 ⋯ 208
04 우리 사회서비스의 문제점 ⋯ 224
05 모두의 필요를 충족하는 보편적 기본서비스로 ⋯ 229
06 기본사회 실행의 전략: 협동조합과 사회적경제 ⋯ 239

에필로그 헤매임의 끝: 기본사회의 미래 ⋯ 246

주 ⋯ 256

전해지는 슬픈 시간
: 위기의 원인

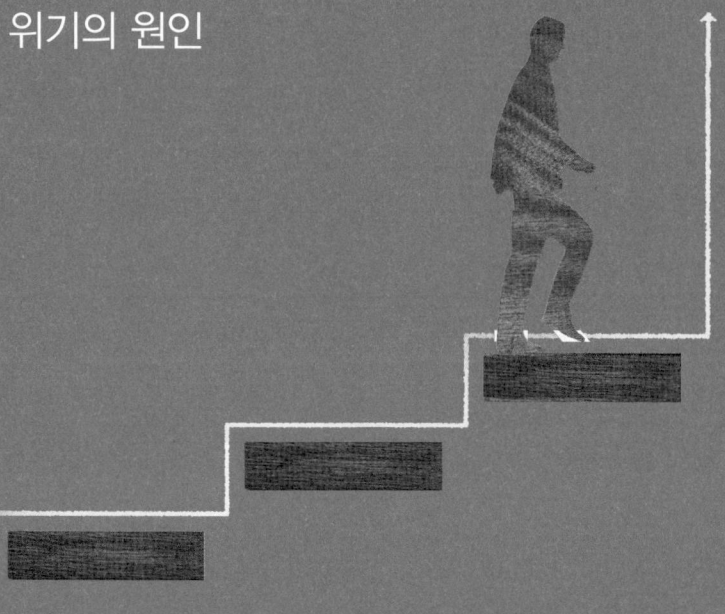

01

한겨울 밤의 악몽

2024년 12월 3일 저녁 10시 반. 많은 사람이 저녁 식사 후 거실에 한가로이 둘러앉아 TV를 보고 있다. 누군가는 게임이나 취미생활을 하고, 누구는 밀린 과제를 마무리하며 과제도 내고, 리포트도 내고, 기말시험도 보는 교수님을 원망한다. 일찍 잠자리에 든 사람은 머리맡에 핸드폰을 올려 둔 채 이불을 말아 올려 누웠다. 그러다 불현듯 불길한 알람음이 울리며 문자 메시지가 날아든다.

"[속보] 尹대통령 비상계엄 선포"

무슨 말인지 도통 이해가 가질 않는다. '계엄…?' 교과서에서나 보던 말이다. 그러다 황급히 옷을 챙겨 들고 여의도로 향한다. 누군가는 초조함과 불안함을 움켜쥐고 TV와 핸드폰 화면에서 눈을 떼지 못한다. 시시각각 소식이 들려온다. 무장한 장갑차와 헬기가 여의도로 날아든다. 국회의원이 담을 넘어 달려간다. 국회 정문을 두 겹, 세 겹으로 둘러싼 경찰과 시민들이 대치하는 모습이 중계된다. 총칼로 무장한 계엄군이 국회 유리창을 부수고, 중계 화면 너머에서는 계엄군과 국회 직원들이 뒤엉켜 아우성이 커진다. 눈발 날리는 밤거리에서는 육중한 장갑차를 시민들이 맨몸으로 막아선다. 국회 담장을 둘러싸 군인이 들어갈 수 없게 인간 방벽을 친다. 뉴스는 국회의원 과반수인 150인 이상이 모여 의결하면 계엄을 해제할 수 있다고 전달하며 국회 본회의장을 비춘다.

12월 4일 1시. 190인의 국회의원이 모였다. 출석 의원 190인 전원의 찬성으로 계엄 해제를 요구하는 의안이 가결되었다. 그렇지만 한동안 계엄군은 국회 본청을 서성이며 물러가질 않는다. 새벽 4시 27분. 그제서야 대통령은 국회 요구에 따라 계엄을 해제하겠지만, 아직 국무위원이 다 모이지 않아서 기다려야 한다는 엉뚱한 담화를 낸다. 이어서 4시 30분, 계엄해제요구결의안이 국무회의에서 의결되며 6시간 만에 계엄이 해제되었다. 그렇게 한겨울 밤의 악몽 같던 계엄 사태는 요란하게 막을 내렸다.

밤새 시민이 지킨 어두운 새벽이 물러가고, 동녘이 터오며 날이 밝아온다. 이른 아침부터 다급한 경제 뉴스가 전달된다.

'환율 1,440원선 돌파…경제 빨간불'
'코스피 2,500선 붕괴…시가총액 40조 증발'

정치와 안보 뉴스도 다급하다.

'스웨덴 총리 국빈 방한 취소'
'미 국무장관 방한 철회'
'윤 대통령 불법 계엄… 자유민주주의 전복 기도'

하루아침에 대한민국의 정치, 경제, 사회가 무너져 내렸다. 사실 불법 계엄으로 종지부가 찍혔지만, 윤석열정부에 들어 우리 경제와 사회는 계속 위태위태했다. 경제성장률은 2%를 넘지 못했고 사회적 대화와 타협은 실종되었다. 그런 위태로웠던 대한민국의 상황에 결정타를 날린 사태가 12·3 계엄이다. 이번 계엄 사태는 민주주의뿐 아니라 윤석열정부에서 더 악화한 대한민국 내부의 여러 구조적 문제와 위기를 다시 들여다보게 만든 계기였다.

02

한강의 기적과 위기

사실 위기는 갑작스럽게 찾아온 것이 아니다. 다들 잘 알고 있듯, 이전까지 대한민국은 세계사에 유례없는 경제 성장과 민주화로 전 세계 모범국가로 손꼽혔다. 6·25 전쟁 이후 1960년대 우리의 국민 1인당 GDP는 100달러 남짓이었는데, 이는 당시의 차드나 말라위, 미얀마, 인도네시아 정도와 비슷한 수준이다. 그러던 것이 2023년에는 3만 달러를 넘으며 300배가 넘게 늘어 유럽 선진국 수준이 되었다. 40년간 한국의 연평균 경제성장률은 8%로, 세계적으로 전무후무한 수치이다.

경제협력개발기구인 OECD는 이를 '한강의 기적'이라 일컬었다. 세계대전 이후 패전국에서 경제 대국이 된 독일이 '라인강의 기적'으로 불렸듯, 우리도 식민 유산과 전쟁의 폐허에서 꽃을

틔웠다. 경제만이 아니다. 1987년 민주항쟁으로 우리는 아시아의 몇 안 되는 실질적 민주주의 국가가 되었다. 계엄 이전, 아시아에서 완전한 민주주의(Full democracy)[1]를 달성한 나라는 한국을 포함해 일본, 대만 정도밖에 되지 않는다.

경제 성장 역시 민주화 이후 더욱 공고해졌고 문화와 예술에서도 우리는 돋보였다. 이미 많은 독자가 알고 있는 드라마와 K-Pop뿐만이 아니다. 계엄이 해제된 다음 날, 5·18광주항쟁과 내란에 관한 『소년이 온다』를 쓴 한강 작가가 아시아 여성 최초로 노벨문학상을 수상한 것은 참으로 역설적이다.

이러한 우리의 기적에 대해, 많은 학자는 한국의 참여와 민주주의, 모두에게 열린 교육과 기술, 창의성이 성장의 동력이었다고 평가했다. 많은 사람들이 한강의 기적은 포용적인 사회와 높은 교육열로 인한 인적자본의 축적, 불평등이 낮은 경제 덕분이었다고 입을 모았다. 그러한 경제성장으로 중산층이 많아지고 사회 전반의 교육수준이 높았기에 민주화와 문화적 번영도 가능했다.

안타깝게도, 이제 기적의 햇불이 꺼져 가는 것 같이 보인다. 지난 최근 20년간 점차 경제성장률은 이전보다 크게 낮아졌다. 예전에는 연평균 7~8% 이상 성장하던 경제가 2010년 이후에는 4%를 넘긴 적이 2021년 한 번밖에 없다. 그것도 코로나19

때문에 2020년이 워낙 낮았기 때문이다. 미래는 더욱 암울하다. 한국은행에 의하면, 2050년까지 경제성장률은 0%에 수렴할 것으로 예측된다.

경제가 계속 성장하려면 인구가 매우 중요하다. 어떤 활동이든 사람이 있어야 일도 하고, 공부도 할 수 있다. 경제 성장에 혁신이 중요하다고 하지만, 그러한 혁신도 사람이 있어야 가능하기 때문이다. 인구 전망도 경제만큼이나 어렵다. 한국의 출산율이 0.78(2022년)로 OECD 국가 중 가장 낮다는 사실은 익히 잘 알려져 있다. 하지만 더 심각한 문제는 지난 40년간 한국의 출산율이 계속 낮아졌고, 다른 국가보다 훨씬 더 가파르게 감소하고 있다는 사실이다. 이미 1980년대 중반부터 한국의 출산율은 OECD 평균보다 낮았고, 2000년대 들어 그 경향이 더욱 심각해지고 있다. 2023년 한 해 동안 태어난 신생아는 23만 명인데, 1970년대의 4분의 1 수준이다. 이들이 대학에 입학하는 2042년에는 재수생이나 N수생을 감안해도 27만 명 정도가 대학 입시를 치를 텐데, 현재 대학 정원이 약 35만 명 정도이므로 입학 정원 조정이 없다면 대학의 4분의 1은 학생을 받을 수 없게 된다. 지금 상태대로라면, 이미 많은 사람들이 알듯 벚꽃 피는 순서대로 대학이 문을 닫을 것이다.

사회에 젊은 사람이 적다 보니 대한민국은 빠르게 늙어 가고 있다. 한 사회에 65세 이상 노인이 7%를 넘으면 사회가 나이 들어가는 중이라 해서 '고령화사회(aging society)'라 하고, 14%를 넘으면 이미 나이가 들었기에 '고령사회(aged society)'라고 한다. 20%를 넘으면 너무 나이가 들어서 '초고령사회(super-aged society)'가 된다. 한국은 2000년에 고령화사회, 2017년에 고령사회가 되었고 2024년 12월 초고령사회가 되었다. 고령사회에서 초고령사회가 되기까지 7년밖에 걸리지 않았다. 일본 10년, 미국 15년, 프랑스 39년, 스웨덴이 48년 걸린 것에 비해 엄청난 속도다.[2] 고령화된다는 것은 생산성 높은 근로 연령대가 줄어든다는 의미다. 경제 전반의 활력이 떨어지고, 이들이 유아·청소년이나 노인을 위해 부담해야 할 부양비용이 기하급수적으로 늘어난다. 결국 사회가 나이 들어가며 인구도 사라지기에 별다른 대책이나 반전이 없다면, 우리는 빠르게 기적을 일으킨 만큼, 빠르게 역사의 뒤안길로 사라질지 모른다. 먼 훗날 미래 인류나 지구를 찾을 외계인에게 탐구 대상으로 역사책 한 켠에나 남아 있는 사회가 될지 모른다.

경제 성장의 둔화와 저출생·고령화에 더해, 우리 사회의 다른 심각한 문제는 수도권 집중과 불균등 발전, 지방소멸이다. 수도권과 비수도권의 경제적 격차는 날이 갈수록 커지고 있다. 통계청에 의하면 2023년 기준 국내총생산(GDP)에서 수도권이 차지하는 비중은 거의 54%에 달한다. 남한 전체 면적의 12% 남짓인 수도권이 대한민국 경제가 1년간 생산하는 부가가치의 절반 이상을 차지하는 것이다. 이러한 수도권 집중화는 대학, 기업, 일자리 등의 집중이 주요한 원인이다. GDP와 유사하게, 인구 역시 약 51%가 수도권에 거주하며, 특히 20대 청년 인구의 55% 정도가 고향을 떠나 수도권에서 살고 있다. 이는 수도권을 중심으로 좋은 일자리가 늘어나기 때문이다. 청년이 수도권으로 몰리니 인력난을 겪는 기업도 다시 수도권으로 몰린다. 그리고 그 결과는 지방의 소멸로 나타나고 있다. 행정안전부가 2021년 처음으로 지정한 인구감소지역 현황을 살펴보면, 전국 226개 기초지자체 중 거의 40%에 달하는 89곳이 위험지역이다. 인구감소지역은 호남과 경북 내륙, 강원, 제주에 집중적으로 분포한다. 만약 예측대로 해당 지역 인구가 소멸한다면 가까운 장래에 대한민국은 수도권과 충청 북부의 일부, 부울경 정도만이 남을 것이다. 물론 이는 극단적인 가정이지만, 고령화로 인한 인구 감소와 지방 소멸은 대한민국 전체의 성장 자원을 활용하지 못하고 경제가 위축되는 상황을 초래하는 동시에, 지역 간 경제력 격차의 확대를 불러올 것이다. 이는 또다시 지방 인구의 탈출과 수도권 집중을 초래하고, 좁은 면적에 많은 인구가 거주하며 저출생을 부채질할 것이다. 결론적으로 별다른 조치가 없다면, 집중화 → 불균등 발전 → 저출생·고령화 → 저성장 → 집중화 → 불균등 발전…의 악순환이 심화될지 모른다.

03

위기의
원인과 결과

　위기의 원인을 생각해 보자. 왜 더 이상 인구가 늘지 않고 경제성장률이 낮아지고 있을까? 왜 수도권으로 모든 자원이 몰리고 지방이 사라지고 있을까? 이에 대해서는 이미 많은 학자가 여러 가지 설명을 내놓았다. 위기의 원인으로 책을 쓴다면 서고 한 가득 찰 정도다. 그래서 여기서는 간단하게 몇 가지 원인만 짚어 보겠다.

　무엇보다 불평등이 심각해지고 있다. 대표적으로 소득과 자산의 격차가 커지고 있다. 소득은 월급이나 은행 이자, 주식 배당금같이 사람이 일이나 투자, 사업을 행한 대가로 얻는 돈으로, 지속적으로 벌어들이는 수입을 뜻한다. 반면 자산은 가족 명의의 땅이나 건물, 집, 자동차, 주식, 현금, 예금같이 가구가 쌓아 두는 경제적 가치이다.

　보통 소득의 격차는 여러 요인이 있지만, 임금이 큰 몫을 차지하기 때문에 불평등한 노동시장에서 주로 비롯된다. 자산 불평등은 이러한 소득 불평등이 누적해서 쌓이며 장기적으로 커진다. 이 점에서 우리 노동시장은 세계적으로 유래를 찾기 어려울 만큼 격차가 크다. 정규직과 비정규직, 대기업과 중소기업, 남성과 여성 간 임금 차이가 매우 크다.

　현재 우리 사회 노동자의 열 명 중 네 명이 비정규직이다. OECD 평균의 2배를 넘는다. 비정규직이 전체의 절반에 가까운데, 비정규직 월 임금은 평균 200만 원 남짓이다. 정규직은 380만 원 정도다. 정규직과 비정규직의 임금 격차는 최근 몇 년간 계속 커졌다.[3] 남녀 임금 격차도 커서, 남성의 평균 임금은 400만 원을 넘는데 여성은 270만 원 정도밖에 되지 않는다. 정규직, 남성이 하는 일이 비정규직, 여성과 달라서 임금 차이가 큰 것 아닐까라고 생각할 수 있지만, 이 정도 차이는 남녀가 같은 일을 하는 경우도 발생한다.[4] 국제적으로 비교해도 너무 큰 차이다. 대기업과 중소기업 차이도 크다. 대기업의 평균 임금은 2022년 기준 591만 원인데, 중소기업은 286만 원이다. 2배가 넘는다.[5] 이렇듯 성별, 회사 크기, 지위에 따라 임금 격차가 너무 분명해서 우리나라 노동시장은 '이중화되어 있다'라고 표현한다. 노동시장 중심에는 소수의 좋은 일자리가 있고, 나머지 다수는 큰 벽 너머에서 근로 조건이 나쁘고 임금도 낮은 일자리에 머물러 있는 것이다. 여기에 최근에는 프리랜서와 배달라이더 같은 플랫폼 노동자 비율도 높아져서 일자리가 불안정해지고 있다.

자산을 한번 살펴보자. 앞서도 말했지만, 대표적인 자산이 토지나 건물, 자가(自家) 같은 부동산이다. 자산은 상위계층에게 갈수록 더 많이 집중되는 경향을 보인다. 여러 원인이 있지만 대체로 고소득층은 소득 중 소비하고 남은 소득이 저소득층보다 더 많고, 이를 저축과 투자에 활용할 수 있기 때문이다. 게다가 투자수익이 다시 투자되면서 복리가 붙는 것 같은 효과도 발생한다. 그렇기에 별다른 정책적 개입이나 조정이 없다면 시간이 지나며 점점 누적되어 불평등이 심각해진다.

최근 몇 년간 소득 상위 20%가 가진 순자산(가구의 자산에서 빚을 빼고 남은 것)은 급격히 늘었다. 2019년 상위 20%의 순자산은 7억 7,000만 원 정도였고, 지속적으로 증가해 2022년에는 10억을 넘었다. 2023년에는 부동산 가격이 하락했기에 약간 감소하는가 싶었지만 2024년 다시 10억 3,000만 원을 넘었다. 반면 하위 20%의 순자산은 지난 몇 년간 거의 변화가 없었다. 상위 20%의 자산이 2억 5,000만 원 정도 증가하는 동안 하위계층은 3,000만 원 정도 증가하는 것에 그쳤다.

자산의 집중과 부동산의 가격 상승은 서로 관련이 깊은데, 대표적 자산인 주택가격 역시 오르고, 집이 필요한 사회초년생이 집을 사기 너무 어려워졌다. 연간 소득 대비 주택 가격 비율을 PIR(Price-to-Income Ratio)이라고 한다. PIR 지수는 측정 방식이나 시기에 따라 차이가 생길 수 있어 유의해야 하지만, 일반적으로 PIR이 5 이상이면 상당히 높아 집 사기가 어려운 곳이라고들 한다. 2024년 기준 서울의 PIR은 11이었다. 바꿔 말하면, 서울에서 집을 사려면 11년 동안 돈을 쓰지 않고 모아야 한다는 이야기이다. 홍콩이나 싱가포르같이 아주 작은 도시국가를 예외로 하면, 서울의 PIR은 런던(11.1)과 유사하고 뉴욕(5.4), 샌프란시스코(8.4) 같은 세계적 도시보다는 더 높다.[6] 문제는 기업과 일자리가 수도권으로 집중되면서 이러한 자산 가치와 부동산의 격차가 지역적으로도 커진다는 점이다.

주택가격이 높아지면 빚을 내서 집을 사는 사람들의 부담도 늘어난다. 그래서 가계 빚이 크게 증가한다. 지난 약 20년간 가계부채는 꾸준히 높아졌다. 우리나라의 한 집당 평균 빚은 2008년 처분가능소득의 1.4배에서 2022년에는 2배로 높아졌다.[7] 2022년 한 가구의 처분가능소득이 약 5,500만 원 정도이니, 빚이 한 집마다 1억 1,000만 원씩 있는 셈이다.[8] 뉴스를 유심히 보면 '가계부채가 한국 경제의 뇌관'이라는 표현이 자주 등장한다.

가계부채가 높아져서 빚 갚는 부담이 늘어나면 처분가능소득이 줄고, 소비가 줄어 경제에 악영향을 주는 것을 표현한 것이다. 자영업자는 특히 코로나19 이후 소비가 줄다 보니 은행에서 대출받고, 이들의 소비가 줄면서 또 대출을 받는 악순환 속에 힘겨운 삶을 영위했는데, 12·3 계엄은 여기에 기름을 들이부은 격이다.

이렇게 소득과 자산의 불평등이 심하면 우선 많은 사람이 쓸 수 있는 돈이 없어서 살림이 쪼들리고, 부동산 가격은 오르면서 집 사기 어렵고, 빚내서 집 사다 보니 빚 갚느라 소비를 줄이면서 자영업이 어려워지고, 또 빚이 늘어나 사회적으로 빚은 늘고 소비는 줄어드는 악순환이 발생한다.

문제는 이렇게 누적되는 경제적 불평등이 다음 세대로도 이어진다는 것이다. 불평등을 후손에게 넘기는 연결고리가 교육이다. 많은 학자가 21세기 들어 한국에서 부모의 경제력 수준에 따라 자녀 교육 수준에 격차가 커지는 불평등의 대물림이 심각해졌다고 입을 모은다. 흔히 명문대라 말하는 SKY대학 신입생의 절반 정도가 한 달에 1,000만 원 이상을 버는 고소득층 자녀이다.[9] 집안 형편이 넉넉하고 부모의 교육 수준이 높을수록 자녀 교육에 관심 갖고 투자를 많이 한다. 값비싼 학원과 교재, 강사에 돈을 아끼지 않는다. 그래서 학생의 재능과 학교 교육에 큰 차이가 없다면 사교육이 입시에 큰 영향을 미치게 된다. 게다가 사회적 지위가 높은 부모 밑에서 자란 자녀일수록 자기 미래에 대한 꿈과 포부도 크다. 결과적으로 좋은 대학을 나오고, 희망하는 일자리도 좋고, 좋은 일자리를 얻을 가능성이 높아진다. 재산이 많은 집이면 설사 자녀가 임금이 조금 낮아도 직접 자녀의 주머니에 용돈을 꽂아 줄 수 있다. 혹시 사업을 하다 실패하더라도 집이 넉넉하면 '엄빠찬스'를 쓸 수 있다. 그렇지 않다면? 애초에 사업 같은 건 꿈도 꾸지 못한다. 교육의 불평등은 '기회의 불평등'으로까지 이어진다.

불평등의 연속은 아이가 꿈꾸는 꿈의 크기도 바꾼다. 아이의 꿈은 생각보다 많은 걸 보여 준다. 예전에는 많은 청소년, 어린이가 다양한 꿈을 꾸었다. 한 신문 기사를 보면 1980~1990년대에는 이과에서는 과학자와 우주비행사가, 문과에서는 대통령, 장군, 판사, 검사가 장래 희망 1순위였다. 예전 예비고사나 학력고사 시절 전국 수석의 입학과를 보면 서울대 물리학과에 입학하는 경우가 의대보다 많았다.[10]

그런데 1997년에 IMF 위기를 겪은 이후 많은 청소년의 꿈이 이과에서는 의사, 문과에서는 교사, 공무원으로 변했다. 실제로 이즈음부터 전국 수석이나 수능 만점자는 의대에 가는 일이 빈번해졌다. 경제가 어려워지니까 안정적이고 일정한 수입을 보장하는 일자리로 바뀐 것이다. 아주 최근에는 건물주로 답하는 청소년 역시 늘었다고 한다. 사실 건물주는 직업이 아닌데도 말이다. 이유를 물어보면, 한 달에 200만 원 정도 받으면서 그렇게 힘들게 일하는 것이 싫다고 한다. 경제가 어렵고 임금도 제자리니까, 어린이, 청소년, 청년들이 '일하는 것'을 가치 없다고 느끼게 된 것이다.[11] AI 기술의 발전과 챗GPT의 등장 때문에 컴퓨터 공학연구원이나 프로그래머도 최근에는 늘었지만, 결국 경제적 불평등이 꿈마저 양극화시키는 것 같아 씁쓸할 따름이다.

이렇게 젊은 세대의 꿈이 갈라지는 동안, 경제적 불평등의 한가운데에 놓인 성인들은 어떨까? 몇 가지 슬픈 자화상을 들여다보자. OECD에서 발표한 자료를 보면, 한국인의 자살률은 다른 나라보다 월등하게 높다. 2021년에는 인구 10만 명당 24명이 스스로 목숨을 끊었다. 10명 정도인 OECD 평균의 2배를 넘는다. 한 해 동안 한국인 1만 3,000명 정도가 스스로 세상을 떠났다. 연령대별 자살률을 보면 나이가 들수록 자살률이 점점 높아진다. 80대 자살률이 가장 높은데 퇴직 후 경제적 어려움이 주요 원인이다. 그런데 경제적으로 가장 활발할 30대부터 50대까지의 기간에도 계속 자살률은 증가한다. 돈이 있음에도, 나이를 먹고 살아갈수록 점점 살기 힘들다고 느끼는 것이다.[12] 우울증 비율도 OECD 국가 중 가장 높다. 우울증 환자가 100만 명을 넘는다고 한다. 코로나19 때보다 최근에 우울증 환자 비율이 더 높아졌고, 청년세대의 우울증 비율이 크게 높은 것은 심각한 문제이다.[13]

국제여론조사업체인 갤럽과 옥스퍼드 대학은 매년 세계행복보고서를 발간하고 전 세계 140여 개 국가의 행복도를 조사한다. 2024년에 가장 행복도가 높은 국가는 핀란드, 덴마크, 아이슬란드, 스웨덴 순이었다. 한국은 몇 위였을까? 10점 만점에 평균 6.1점으로 전 세계 52위였다. 일본이 우리보다 한 계단 높은 51위였고, 과테말라, 니카라과, 카자흐스탄 사람이 우리보다 행복했다. 우리와 비슷한 국가는 필리핀(53위), 베트남(54위) 등이다. 행복은 성적순이 아닌 것처럼 경제순도 아니지만, 한국과 일본은 특히나 가진 것에 비해 불행한 사회이다.[14]

경제적 불평등, 교육의 불평등, 기회 불평등이 엮이면서 불행하다 보니 앞에서 살펴본 것처럼 출산율이 높아지려야 높아질 수가 없다. 청년세대가 자녀를 낳지 않는 건 별다른 이유가 있는 게 아니라, 당장 먹고사는 게 힘드니 연애할, 결혼할 여력도 없을 뿐더러, 설사 결혼해서 자녀를 낳더라도 키울 자신이 없기 때문이다. 낳더라도 하나만 나아서 키우자고 생각하게 된다. 집값, 보육비, 교육비 걱정을 하면 도저히 자녀를 키울 엄두가 나질 않는다.

04

왜 해결되지 않을까

불평등, 저출생, 우울증, 자살, 불행…

왜 날이 갈수록 문제가 심각해지는 걸까? 여러 이유가 있을 수 있지만, 무엇보다 문제를 막아 줄 교정장치가 고장 났기 때문이다. 교정장치는 세금 걷고 다시 나누는 일, 즉 '조세'와 '복지'를 의미한다. 세금은 흔히 국가가 국민에게 걷어 국민 모두에게 필요한 일, 예를 들어 치안이나 군대 유지, 행정에 쓰는 용도로 알고 있다. 그런데, 사실 세금은 그 자체로 불평등을 교정하는 역할도 한다. 이를 조세의 일차적 재분배 기능이라고 한다. 소득세는 벌어들인 소득에 비례해 납부하는데, 소득이 높을수록 세율 역시 높아진다. 그래서 부자일수록 더 높은 비율로 세금을 낸다.

소득이 100만 원인 철수와 500만 원인 영희가 있다고 하자. 세금 납부 전 둘의 소득 차이는 5배이지만, 소득이 높을수록 세율이 높아져 철수에게는 20%를, 영희에게는 40%의 세금이 부과된다. 세금을 낸 뒤 철수의 소득은 80만 원, 영희는 300만 원이기에 둘의 소득 차이는 3.75배로 줄어든다. 이것이 조세를 통한 재분배이다. 만약 거두어들인 세금 중 일부를 철수에게 생활비로 보조하거나, 겨울에 부담되는 난방비를 지원해서 20만 원 정도 준다면 둘의 차이는 3배로 줄어든다. 이것이 복지를 통한 재분배이다.

한국은 다른 선진국에 비해 조세와 복지가 수행하는 재분배 기능이 극히 약하다. 세금과 복지의 재분배 영향을 측정하려면 어떻게 하면 될까? 처분가능소득(disposable income)과 시장소득(market income)을 비교해 보면 된다. 처분가능소득은 총소득에서 세금과 사회보험료 등을 제외하고 연금이나 보조금같이 정부에서 '이전받는' 소득(transfer income)은 더한 것이다. 시장에서 벌어들이는 임금, 이자, 배당과 여기에 공적인 지원은 더하고 조세와 사회보험료는 빼는 처분가능소득을 비교하면 조세와 복지로 인해 불평등이 얼마나 줄어드는지 알 수 있다.

한 사회의 불평등을 측정하는 대표적인 지표는 지니계수다. 지니계수는 0에서 1 사이의 값인데, 1에 가까울수록 불평등 정도가 높다. 그래서 어느 국가든 시장소득 지니계수가 처분가능소득 지니계수보다 높다. 시장 지니계수에는 조세와 복지정책의 영향이 고려되지 않기 때문이다. 시장소득에서 세금은 납부하고, 복지 혜택을 더하면 처분가능소득이 되니까, 지니계수는 낮아진다. OECD의 여러 나라를 비교하면, 프랑스는 지니계수가 0.23이나 낮아지고, 스웨덴도 0.15, 일본도 0.17이나 떨어진다. 그런데 한국은 차이가 0.07밖에 되지 않는다.[15] 스웨덴의 절반 수준, 프랑스의 3분의 1 수준이다. 조세와 복지가 불평등을 줄이는 데 거의 영향을 미치지 못하는 셈이다.

복지는 단순히 재분배일 뿐만 아니라, 살면서 어려움이 닥칠 때 나를 지켜 주는 안전망이 된다. 살면서 겪는 어려움은 어떤 것들이 있을까? 아프거나 갑자기 사고를 당했을 때 돈이 없어 병원을 가지 못하면 엄청 위험할 것이다. 혹은 갑자기 실직해서 벌이가 없어지면, 당장 생활비가 없으니 먹고사는 데 위험해진다. 나이 들어 은퇴한 이후에도 벌이가 없기는 마찬가지다. 이럴 때를 위해 의료보험, 실업수당, 연금과 같은 복지 제도가 있다.

보험은 불의의 사고를 대비해 평소에 저축하고, 만약 사고가 발생하면 보험사가 보상해 주는 보험사와 개인 간의 계약이다. 의료보험은 국가가 보험사 역할을 한다. 평소에 월급을 받으면 항상 일정 부분 의료보험료를 떼어 간다. 아프지 않을 때는 아까

워서 입이 삐죽 튀어나오지만, 막상 아플 때 병원에서 진료와 처방을 받으면 우리가 낸 보험료가 크게 도움이 된다. 물론 극단적으로 평생 아프지 않은 사람은 자기가 낸 보험료 혜택을 받지 못할지도 모르지만, 대부분은 살다 보면 병원에 가기 마련이니 모두가 낸 돈으로 서로서로 알게 모르게 혜택을 보고 있다. 연금이나 실업수당도 마찬가지다. 일할 수 있을 때 월급에서 조금씩 떼어 저축해서 나이 들어 일할 수 없을 때, 일자리를 잃었을 때 도움을 받는다. 이렇듯 사회적인 보험이기에 이러한 제도를 사회보험(social insurance)이라고 한다. 보험료를 낼 여력이 없는 사람도 있다. 태어날 때부터 가정환경이 어렵거나, 일할 능력이 없는 경우가 이에 속한다. 이럴 때는 우리가 조금씩 모아 낸 세금으로 도움을 받을 수 있다. 이러한 것은 상갓집에 부조해 돕는 것과 같아서 공적인 부조(도움), 공공 부조(public assistance)라고 한다. 그래서 이러한 사회보험과 공공부조, 즉 복지는 우리 사회 구성원 모두가 연대해 십시일반으로 모아 서로를 돕는 사회적 계약이다.

    우리 사회는 해방 직후 너무 가난했다. 그래서 이렇게 서로 돕기 위해 돈을 모을 여력도, 국가가 돈을 모으고 관리할 능력도 부족했다. 그래서 사회의 모든 자원을 일단은 경제성장에 투입하기로 했다. 경제개발 5개년 계획이 세워지고 미국과 일본에서 원조와 차관을 받았다. 복지를 못 하는 대신 세금은 깎아 주었다.

경제가 성장할 때는 사실 복지가 없는 것이 큰 문제가 되지 않는다. 대부분의 사람이 일하고, 가장이 혼자 가족 전체를 먹여 살릴 수 있을 정도로 벌면 할아버지가 은퇴해도 큰 문제가 없다. 아버지 월급만으로 할아버지, 할머니와 부모님, 자녀들이 먹고살 수 있으니 어머니가 맞벌이할 필요도 별로 없다. 일자리는 넘쳐났다. 1994년 대기업 경쟁률을 보면, 삼성과 현대가 6대1, LG(당시에는 럭키 금성)가 7.4대 1, 두산이 4대1 정도였다. 1990년의 서울시 공무원 경쟁률은 7.5대 1이었다.[16]

문제는 경제가 성장하지 않을 때, 일자리가 없을 때 벌어졌다. 정확히 20년 뒤인 2014년 대기업 경쟁률은 삼성이 25대 1, LG그룹이 100대 1, 현대카드는 300대 1을 기록했고, 서울시 공무원은 일반 행정직이 164대 1이었다.[17] 경제 위기 이후 기업들이 구조조정을 하면서 일자리가 급격히 줄었고, 청년들은 취업하기가 하늘의 별 따기였다. 이미 직장에 다니던 사람들도 정리해고와 명예퇴직으로 쫓겨나듯 회사를 나왔다. 먹고살기 어려우니 어머니들이 맞벌이를 하러 나갔지만 마땅한 일자리가 없었고, 일을 구하는 사람이 넘쳐 나니 일자리의 질과 임금은 나아지질 않았다. 이러한 상황에서 우리가 서로를 도울 사회적 계약도 만들어 두질 않았으니 그 어려움을 막을 수 없던 것이다.

정리하면 한 사회의 자원은 성장을 위한 부분과 불평등을 교정하고 위험에 빠진 사람을 돕는 부분으로 나눠서 투자해야 하는데, 그간 한국 사회는 성장에만 올인하고 후자에는 인색했다. 성장에 거의 모든 자원을 몰아준 덕에 다른 국가보다 높은 성장률을 보였지만, 그 과정에 불평등을 교정하거나 사회적 약자를 돕는 역할은 거의 하지 않았다. 경제가 호황일 때는 모두 일할 수 있었기에 그 문제가 드러나지 않았다. 문제는 경제였다(It's the economy). 경제가 침체에 빠져 일할 수 없는 사람, 적은 돈을 받으며 일하는 사람이 늘어나자 불평등이 심각해지는 것을 막지 못했고, 여러 다른 문제들이 생겨나기 시작했다.[18]

이렇게 보면, 경제에 문제가 생겨도 튼튼한 복지가 있었다면 문제가 훨씬 덜 심각했을 텐데, 우리는 영원히 성장할 거란 기대에 미처 준비하지 못했다. 사실 영원히 경제가 탄탄대로라 기대하는 것은 말이 되지 않는다. 계속 성장하는 경제라도 일순간에는 고비를 맞을 수 있다. 우리는 그런 고비에 대비해야 했다. 그렇다. 사실 또 하나의 문제는 복지였다(It's the welfare).[19]

05

대외적인 위기 요인

지금까지의 얘기를 정리하면, 한국 사회는 외환위기 이후 저성장이 계속되며 사회 여러 영역의 불평등이 심해졌고, 이를 교정할 사회적 장치가 없다 보니 문제가 더더욱 심각해지는 것을 막지 못했다. 그래서 사회가 우울해지고, 더 많은 사람이 세상을 등지고, 불행해졌다. 이 문제를 해결하려면 사회 전반에 걸쳐 많은 것을 바꾸어야 한다. 경제를 다시 어떻게 성장하게 할지, 세금을 얼마나 어떻게 걷을지, 안전망을 어떻게 만들지, 많은 것을 정해야 한다.

많은 것을 바꾸려면 정부가 신경 쓸 일이 한두 가지가 아닌데, 사회 바깥의 환경 변화도 우리를 더욱 괴롭히고 있다. 지금까지 한국 사회 내의 문제를 살펴봤지만, 대외적인 문제도 간략히 훑어보자. 잘 알려져 있듯이, 한국이 경제 탄탄대로를 달릴 수 있던 것은 수출 덕분이다. 1960~1970년대에는 낮은 인건비로 가발이나 값싼 공산품을 수출해 성장했고, 그렇게 모은 돈으로 산업 설비에 투자해서 중화학 공업화를 달성했다. 1980~1990년대에는 자동차와 철강, 조선이 한국의 주력 효자 상품이 되었고, 최근에는 반도체가 우리의 먹거리가 되었다. 이러한 수출 주도의 성장이 가능했던 것은 여러 요인이 있지만 무엇보다도 안정적으로 우리 물건을 사주었던 미국이라는 교역국이 있었기 때문이다. 1990년대 이후에는 중국이 우리의 물건을 많이 사갔다.

그런데 이렇게 우리의 수출을 도와주던 안정적인 국제질서가 변했다. 그동안 우리 물건을 많이 사갔던 중국이 강력한 경쟁자로 부상했다. 우리 경제의 심장이던 제조업이 위협받기 시작했다. 중국은 '세계의 공장'이 되어 우리보다 낮은 인건비로 값싼 상품을 대량 생산해 전 세계에 납품하고 있다. 이제는 첨단산업에서조차 우리를 위협하고 있다. 국가기관의 보고서를 보면 차세대 반도체에서 한국과 중국의 기술격차는 고작 0.4년 정도다. 다섯 달 정도면 중국이 한국의 기술을 따라잡을 수 있다는 의미이다. 구부러지는 모니터 같은 미래형 디스플레이는 격차가 없다. 스마트 워치나 안경 같은 착용형 기구는 이미 중국이 우리보다 기술 수준이 앞서고 있다.[20]

미국도 달라졌다. 2016년 트럼프는 '미국을 다시 위대하게' 만들겠다며 당선되었다. 트럼프 이전의 미국은 자유민주주의 국가의 리더임을 자임하면서 자유무역을 외쳤지만, 트럼프는 달랐다. '아메리카 퍼스트'를 외치며 보호무역주의로 돌아섰고, 많은 국가에 관세를 부과하며 자국 산업을 보호했다. 트럼프는 대선 후보 시절 한미 FTA(자유무역협정) 때문에 일자리가 10만 개 사라지고 무역적자가 늘었다고 불평했고, 한국에서 TV 수천 대를 사오는데 미국에선 TV를 만들지 않는다고 하면서 우리를 압박했다. 결국 2018년 다시 FTA를 협상하며 여러 규제를 걸었고, 한국 기업의 미국 투자와 미국 상품의 구매를 요구했다. 사실 이러한 기조는 바이든 행정부에서도 크게 달라지지 않았는데, 트럼프 대통령의 재선은 이러한 기조를 더욱 강화하고 있다.

이렇게 양쪽에서 우리를 압박하는 두 나라의 관계도 좋지 않으니 첩첩산중이다. 갈수록 미국과 중국의 경쟁이 심각해지고 있고, 서로 보복하듯 각자의 수출품에 관세를 높게 매기고 있다. 두 나라는 한국에게 '우리 편에 서라'고 압박하고 있다. 미국은 성장하는 중국을 견제하고 싶어 한다. 반도체나 AI, 전기차 등 첨단산업에서 원자재나 중간재를 만드는 국가들을 자기편으로 끌어들여 중국을 고립시키고, 그들의 기술이 중국으로 흘러 들어가지 않게끔 하고 있다. 중국과 거래하는 외국 기업의 미국 수출을 규제하거나 다른 나라도 자신들의 규제를 따를 것을 촉구하고 있다. 중국은 반대로 한국이 미국 편에 서면 우리 물건을 사주지 않겠다고 으름장을 놓는 중이다.

단순히 두 나라의 갈등은 경제적인 것에만 그치지 않는다. 군사적인 충돌 위협으로 번지고 있다. 가장 대표적인 갈등이 대만과 관련된 문제이다. 2차 대전 이후 중국은 사회주의 계열의 공산당과 민주주의 계열의 국민당이 내전을 벌였고 패배한 국민당이 타이완섬에 정착하면서 대만이 되었다. 그래서 중국은 대만을 다른 국가로 인정하지 않는다. 중국은 하나라는 원칙을 고수하면서, 다른 국가들도 대만과 외교를 단절할 것을 주장한다. 대만은 조금 복잡하다. 중국이 주권 국가가 아니며 중국으로부터 독립하자는 사람도 있는 반면, 중국을 별도의 국가로 보고 협력적인 관계를 유지해 통일하자는 생각도 있다. 대만은 현재 독립파의 목소리가 높다.

그래서 중국과 대만의 갈등이 깊어지는 가운데, 미국도 두 국가의 관계에 관련되어 있다. 많은 이유가 있지만 일단 앞서도 얘기했던 미국과 중국의 첨단산업 경쟁, 그중에서도 반도체와 관련된다. TSMC라는, 대만(Taiwan) 반도체(Semiconductor) 제조(Manufacturing) 기업(Co., Ltd)이 있다. 스마트폰이 보급되고 첨단산업이 발달하면서 전자기기에 들어가는 핵심 부품인 반도체 수요가 폭증했고, 애플의 투자도 받으면서 세계 최대 반도체 제조사가 되었다. 만약 중국이 대만을 점령하고 TSMC 생산시설을 접수한다면 미국에게는 그 자체로 큰 위협이 된다.[21] 기술자들과 그간 TSMC가 축적한 기술력도 중국에 넘어가니까 미국은 이를 막으려 한다.

미국, 중국, 그 사이의 대만과 그리고 우리. 여기까지만 해도 국제적인 이슈가 골칫거리인데, 전 세계적으로 크고 작은 분쟁과 갈등이 커지고 있다. 2022년 발발한 우크라이나-러시아 전쟁은 곡창지대인 우크라이나의 특성상 밀을 비롯한 여러 농산물 가격을 크게 변동시켰고, 연쇄적으로 유럽의 불안까지 가중시켰기에 우리에게도 안 좋은 영향을 미치고 있다. 게다가 윤석열정부의 강경 일변도 대북 정책으로 북한이 러시아에 파병하면서 우리에게 직접적으로 심각한 안보 위협이 되고 있다. 답답할 따름이다. 이스라엘과 팔레스타인에서 시작된 중동의 오래된 분쟁도 석유를 비롯한 중요 원자재 가격에 악영향을 주고 있는데, 이는 원자재 가격을 상승시켜 수출을 하는 우리 기업을 힘들게 만들고 있다.

06

다가올 위기
: 기후위기와 AI 혁명

    이렇게 우리 바깥의 상황도 골치가 아픈데, 앞날도 순탄하질 않다. 가장 큰 문제가 기후위기다. 지난여름은 유난히 무더웠다. 기상청에 의하면, 2024년 여름의 평균 기온은 25.6도로 평년 기온인 23.7도보다 거의 2도가 높아 1973년 이후 가장 더운 여름이었다.[22] 푹푹 찌는 더위에 지난여름 열사병이나 탈진으로 쓰러진 온열질환자는 3,704명으로 2023년보다 31.4%나 늘었다.[23] 더 무서운 것은 앞으로는 기후위기가 더욱 심각해질 것이라는 점이다. UN의 한 기후학자는 2024년 여름이 앞으로 맞을 여름에 비하면 가장 시원한 한 해였을 것이라고 얘기했다.

    문제는 단순히 날이 덥고 추워지는 것이 아니다. 이렇게 지구의 평균 기온이 올라갈수록 기후 변동은 커진다. 지구 생태계는 여러 변수가 복잡하게 상호작용한다. 다들 '나비효과'에 대해 들어 보았을 것이다. 브라질의 나비가 날갯짓을 하면 텍사스에 토네이도가 분다는 얘기다. 실제로 그렇다기보다, 그만큼 날씨와 기후라는 것은 아주 미세한 초기 조건의 변화가 큰 결과의 차이를 만들어 낸다는 뜻이다. 그래서 평균 기온이 1도 올라간다는 것은, 단순히 1도 더워진다는 것이 아니다. 그로 인해 어떤 일이 발생할지 모르는 불확실성이 높아진다는 의미이고, 이는 농업과 관련 산업에 심각한 영향을 미친다. 기후가 바뀌면서 배춧값이 폭등해 '금추'가 되고, 덩달아 김치도 가격이 뛰어서 '금치'가 되었다. 배추만이 아니라 쌀을 비롯한 여러 작물을 키우는 환경이 변하고, 이 때문에 우리 식탁에 큰 변화가 생기고, 연관된 외식 산업에도 영향을 미친다. 심각한 경우에는 아예 식량 부족이 발생할 수 있다. 그래서 요새는 전통적인 군사 안보만이 아니라 식량과 에너지공급원을 안정적으로 확보하는 '식량 안보', '에너지 안보'라는 개념이 중요해졌다.

한편으로 알파고 이후 하루가 다르게 바뀌고 있는 AI 산업과 디지털 전환은 우리의 일자리에도 큰 영향을 미친다. 이미 챗GPT를 많은 사람들이 사용하고 있고, 기업이나 공공기관도 AI의 도움을 받아 일을 처리하는 경우가 늘고 있다. 그럴수록 AI가 단순하고 반복적인 사무를 대체할 것이고, 사람들이 일할 일자리가 없어질 것이라는 우려가 커지고 있다. 일련의 연구에 의하면 AI로 인해 현재 일자리의 40% 이상이 사라질 것이라고 하고, 한국도 거의 절반에 가까운 일자리가 대체될 수 있다고 한다.[24] 물론 이에 대한 반론도 있어서 실제로는 AI로 인해 사라지는 것보다 더 많은 일자리가 생길 것이라는 주장도 있지만, 확실한 것은 우리의 미래 일자리는 더 많은 불확실성에 노출되어 있다는 것, 첨단산업으로 인해 일자리의 양극화가 더 심해질 가능성이 높다는 것이다. AI뿐만 아니라 자동주행, 로봇 기술 등 첨단산업의 발전은 사람이 하던 일을 기계가 쉽게 대체할 수 있음을 의미하고, 사람이 하는 일의 가치를 낮출지 모른다. 소수의 고임금 일자리와, 대다수의 질 낮은 일자리로 양극화되며 실업률도 높아지는 상황이 생길 것이다. 일로 복지를 대체하던 우리에게는 더욱 위험한 신호다.

디지털 전환은 단순히 일자리의 위기일 뿐만 아니라, 산업의 위기이기도 하다. 현재도 이러한 분야에서 가장 앞서 나가는 기업은 미국의 테슬라, 오픈AI, 구글과 같은 메가기업들이다. 이들이 기술을 독점하고 시장을 독식하면 우리 기업들이 세계 시장에서 설 땅은 점점 좁아지고 있다. 이는 우리의 미래 먹거리가 점점 줄어들고, 부가가치가 낮은 산업에 머물러 있다면 경제적 성장도 멈출 것을 의미한다. 그러면 앞서 설명한 '저성장-불평등 심화-저출생·고령화'의 악순환이 한층 심해질 것이다.

07

모든 위기의 위기
: 민주주의 위기

사실 우리 사회의 위기, 국제적 위기, 미래의 위기를 상세히 설명하면서 가슴이 답답해졌지만, 이러한 위기는 곰곰이 생각해 보면 기회일 수도 있다. 우리가 불평등을 잘 해결하고 사회적 안전망을 갖춘다면 어려운 사람들의 노동시장 참여를 활성화하고 구매력을 높여 내수 시장을 활성화시킬 수 있다. 노인과 장애인, 아동과 청소년을 돌볼 사람이 부족한 상황은 '돌봄'을 새로운 산업과 고용으로 창출해 낼 수 있음을 뜻하기도 한다.[25] 미국과 중국이 갈등하며 긴장이 높아지고 있지만 우리와 유사한 압력에 직면한 국가들과 협력하며 운신의 폭을 넓힌다면 우리 외교의 폭을 넓히는 기회도 될 수 있다. 기후 위기는 시급히 모두가 해결할 과제이기 때문에, 보다 친환경적이고 지속 가능한 산업과 제품을 주도한다면 새로운 시장과 혁신의 동력이 될 수 있다. 미국과 유럽은 친환경적으로 발전된 전기로 만들어지는 RE100(Renewable Electricity, 재생에너지 전기 100%) 제품을 무역의 조건으로 내걸고 있다. 디지털 전환도 마찬가지다. 큰 도전이지만 우리 기업들이 기술개발과 투자로 산업을 선도해 간다면 지금까지와는 전혀 다른 경제적 번영을 일구어 낼 수 있다.

하지만 그렇지 못했다. 왜일까? 여러 이유가 있겠지만 모든 문제를 해결할 열쇠인 정치가 위기에 빠졌기 때문이다. 정치란 무엇인가? 글자 그대로 풀어 보면 바르게(政) 다스린다(治)는 의미이다. 다스린다는 건 나라나 집안, 사회의 일을 보살피고 구성원을 이끌어 나간다는 뜻이다. 즉, 정치란 "나라나 집안, 사회의 일을 바르게 보살펴 구성원을 미래로 인도하는 활동"이다. 정치의 영어 단어인 Politics도 그리스 도시국가(폴리스, Polis)에서 시민들이 광장에 모여 공동체의 일을 논의하고 결정하던 것에서 비롯된 개념이다. 정치를 단순히 권력투쟁이나 정권을 잡기 위한 행동으로만 보아서는 안 되는 이유이다.

이러한 점에서 고등학교 교과서에서는 정치를 "사회 구성원 간 이해관계 대립과 갈등을 합리적으로 조정하고 해결해 가는 과정"으로 정의하고 있다.[26] 하지만 그간 우리 정치는 이러한 정의에 부합하지 못했다. 국회에서는 정당이 사회의 산적한 현안을 협상과 타협으로 해결하기보다 정쟁과 갈등에만 매몰되었고, 정부도 국회가 제출한 법안을 수용하진 않은 채 자신들이 옳다고 생각하는 정책만 추진하려고 하면서 갈등을 키웠다. 이러한 문제는 특히 윤석열정부에서 두드러졌다. 이것이 가장 잘 드러나는 것이 재의요구권(거부권) 행사이다. 우리 헌법은 대통령에게 국회가 의결한 법안에 대해 다시 의결해 줄 것을 요청하는 권한을 부여하고 있다. 이는 삼권분립 하에서 행정부(대통령)가 입법부를 견제할 수 있는 가장 강력한 수단이다. 대통령이 재의요구권을 행사하는 것은 '행정부가 판단하기에는 국회의 결정이 주권자인 국민의 뜻에 반하는 것으로 보인다'라는 의미이고, 입법부나 사법부의 권한을 완전히 무시할 수 있는 권리이기에 명확한 상황이 아니면 최대한 행사를 자제해야 한다. 그리고 실제로 민주화 이래 모든 정부는 재의요구권 행사에 신중했다. 노태우 대통령은 7번, 노무현 대통령 6번(이 중 2번은 고건 대통령 권한대행이 행사), 박근혜 대통령 2번, 이명박 대통령 1번에 그쳤다. 김영삼, 김대중, 문재인 대통령은 재의요구권을 행사한 적이 없다. 그런데 윤석열 대통령은 계엄 사태 이전까지 채 3년이 되지 않는 재임기간 동안 25개 법안에 거부권을 행사했고, 한덕수, 최상목 권한대행이 행사한 거부권 횟수까지 합하면 42번이다. 이전 민주화 정부가 행사한 거부권 횟수를 다 합한 것의 2배를 넘는다.

이전의 민주화 정부는 재의요구권을 행사하더라도 다른 법안은 수용한다든가, 국회와 타협해 법안의 내용을 수정해 의결을 요구한다든가 하는 모습을 보였지만, 윤석열정부는 자신들이 생각하는 법안이 아니면 받아들이질 않았다. 이러다 보니 국정은 공전했고, 민생 법안이 처리되질 못했다. 정부와 국회가 대화와 타협으로 해결할 문제를 헌법재판소로 가져가 판결해 달라고 요구하면서 정치가 사법화되고, 정치가 실종되었다. 국민이 정치를 바라보는 이유는 정치를 통해 내 삶이 바뀌기 때문인데, 정치가 삶을 바꾸질 못하니 외면하게 되었고, 점차 극단화된 의견만 표출되었다.

아무리 좋은 정책이나 묘안이라도 실현되지 못하면 그저 잘 쓴 글에 불과하다. 의미 있는 법안이어도 공포되어 효력을 갖지 못하면 서랍장에 넣어 두는 것과 다를 바가 없다. 결국 우리가 지금까지 살펴보았던 우리 사회의 심각한 문제, 대외적 위기, 미래의 불안 요소는 모두 정책과 제도를 통해 해결해야 하는데 이를 구현할 정치가 움직이지 않는다면 위기는 지속될 것이다. 그렇기에 매일 기사로 싸웠다는 이야기만 들리고, 불편한 뉴스만 전해 주는 정치더라도 우리가 눈을 떼지 말고 관심을 가져야 한다. 결국에는 정치다.

08

우리는 어떻게 해야 할까

지금까지 설명한 내용을 보고 있자니, 눈앞이 캄캄하고 가슴이 답답하다. 해결할 기미가 보이질 않는 것 같다. 그래도 희망의 끈을 놓아서는 안 된다. 역사적으로 우리는 여러 위기에 맞서 놀라운 회복력을 발휘하며 발전했다. 결국 우리가 보아야 할 것은 희망이다.

스웨덴은 오늘날 국민의 삶의 질과 행복도가 가장 높은 국가 중 하나다. 최근에는 북유럽 복지국가의 모델에 대해 의구심을 보이는 견해도 있지만, 1인당 GDP는 약 5만 7,000달러로 세계 14위, 출산율은 1.52로 우리의 2배, 행복지수 4위라는 것만 비교하면 부러운 구석이 많다. 이러한 스웨덴에 대해 많은 사람들이 예전부터 복지국가가 잘 되어 있었을 것이라 생각하지만, 생각보다 스웨덴의 예전 모습은 한국과 크게 다르지 않다. 복지 제도가 자리 잡기 전 1920년대 스웨덴의 실업률은 10%대 중반이었고 1인당 GDP는 2,800달러 정도로 서구권의 중간 정도였다.[27] 1870년대에야 산업화를 시작했기 때문에 유럽에서는 후발 산업국가였다. 노사갈등은 극심해서 파업률은 세계에서 가장 높았다. 당시 스웨덴 일반 국민의 생활상을 보면 주 6일 하루 12시간 정도 일했고 부엌 하나가 딸린 단칸방 하나에 6명의 가족이 살았다. 이는 한국의 1960년대와 크게 다르지 않다.[28] 이랬던 스웨덴은 1930년대에 국가를 '국민의 집(Folkhemmet)'으로 만들겠다며 사회적 대개혁을 표방했다. 중도적 사민주의 노선을 표방한 사민당이 장기간 집권하면서 기초연금과 2주간의 노동 휴가, 장애인 보조, 아동수당과 의무 교육 등을 도입하면서 오늘날의 보편적 복지국가로 탈바꿈하기 시작했다.

미국도 1930년대 대불황에 직면하면서 스웨덴과 마찬가지로 높은 실업률과 파산, 주가 대폭락에 직면했다. 1930년대 초반 미국의 실업률은 25% 정도로, 노동자 네 명 중 한 명은 일자리를 구하지 못했다. 실질 GDP 성장률은 마이너스가 되었고, 산업 생산이 줄어들면서 기업의 수익률도 마이너스를 기록하게 되었다. 후버 행정부는 자유방임주의적 경제정책 기조와 균형예산 정책을 고수했다.[29] 은행은 연이어 파산했다. 어찌 보면 지금의 한국 사회보다 더 큰 위기를 맞고 있었다. 이러한 상황에서 집권한 루즈벨트와 미국 민주당은 '뉴딜(New deal)' 정책으로 일컬어지는 일련의 사회경제적인 대전환을 통해 미국을 변화시켰다. 금산분리를 도입하고 금융시장 규제를 강화하면서 금융체계에 대한 대중의 신뢰를 회복시키려 했다. 테네시강 유역 개발공사로 공공 일자리를 창출하고 저소득층 임금을 높였다. 농업진흥법으로 농작물의 과잉 생산을 방지하고 산업부흥법으로 기업의 수익성을 개선하는 동시에 노동기본권과 최고근로시간 규정 등을 도입해 노동자의 권익 보호에도 신경 썼다. 실업보험과 고령자 보험, 극빈층에 대한 보조금으로 사회안전망을 구축했다. 이를 통해 미국은 대공황과 세계대전의 어려운 시기를 슬기롭게 극복하고 재부흥의 기초를 마련해 전후 미국의 평화를 만들어 낼 수 있었다.

    이 두 사례에서 알 수 있는 것은 위기의 시대가 도래하더라도 이를 슬기롭게 극복할 수 있는 전환적, 개혁적 정책이 제시되고 이를 꾸준히 추진하면 위기를 극복해 더 나은 미래로 나아갈 수 있다는 점이다. 스웨덴과 미국 모두 대공황과 세계대전의 격변기에 있었다. 스웨덴과 미국은 각각 국민의 집과 뉴딜정책으로 내표되는 일련의 사회 대개혁 정책을 추진하면서 경제 호황과 복지국가를 위한 토대를 만들었다. 이러한 대개혁의 상징적인 인물은 사민당 총리였던 페르 알빈 한손과 루즈벨트 대통령이지만, 스웨덴 사민당과 미국 민주당은 개혁을 위한 정책과 제도를 집단 지성의 힘으로 만들어 내며 이를 뒷받침했다.

여기에 더해 중요한 사실은 전환적 정책의 성과가 나타날 때까지 장기적으로 이를 믿고 지지해 준 국민이 있었다는 사실이다. 사민당은 알빈 한손 이후 1976년까지 44년 동안 일관된 정책을 추진하며 스웨덴을 국민의 집으로 만들 수 있었다. 루즈벨트 행정부도 1933년부터 세계 2차대전 막바지에 이르는 1945년까지 13년간 장기적으로 뉴딜 정책을 완성했다.

물론, 국민의 장기적인 지지를 받으려면 대전환의 방향과 정책이 그 시대가 요구하는 것, 즉 시대정신을 담아내야 한다. 루즈벨트 행정부의 뉴딜정책이 지지받을 수 있던 것도 대공황과 세계대전이라는 시대적 배경하에 실업 극복과 빈곤 해소라는 목적이 국민의 기대에 맞았기 때문이다. 뉴딜이 시대정신에 부합했기에 1930년대 초 민주당을 지지하는 국민이 대거 늘었고, 이러한 지지를 다시 성과로 보이면서 전환적 정책은 흔들리지 않고 추진될 수 있었다.[30]

그렇다면 오늘날 우리의 시대정신은 무엇인가? 경제는 날이 갈수록 어려워지고 있다. 불평등이 심해지며 청년에게는 기회가 공평하게 주어지지 않고, 중장년은 한 번 일자리에서 밀려나면 안정적인 생활과 자녀를 키울 환경이 마련되질 않는다. 인생을 아름답게 마무리해야 할 노후에는 아무런 준비가 되어 있지 않아 빈곤과 허드렛일에 치여 산다. 시작할 기회, 재기할 기회, 다시 일할 기회를 주질 않는다. 대외적 불확실성과 미래의 위기 요인은 더욱 우리를 옥죄여 오고, 문제를 해결할 정치가 답답하다. 정치가 삶을 바꾸지 못하니 사람들은 사회를 외면하고, 사회가 양극화되고 있다.

삶의 기본이 없다 보니 기회가 없고, 실패하지 않기 위해 안간힘 써야 하고, 남을 돌아볼 여유 없이 각자도생하기 바쁘다. 집을 마련하고, 자녀를 키우고, 부모를 돌볼 겨를이 없다. 친구를 만나고, 가족과 함께 여유로운 휴가를 가며 인생을 고민할 시간이 없다. 기본적인 생활이 충족되지 않아 인생의 기본을 잃어 가고 있다. 인생에는 세이브가 없는데, 다시 시작할 코인을 주지 않으니 모두 비트코인만 바라보고 있다. 여기에 불법 계엄으로 인해 이제는 기본적인 안전과 일상마저 위협받고 있는 상황이다.

요컨대, 우리 삶의 총체적인 기본이 지켜지질 않고 있다. 기본적인 기회, 기본적인 정치 질서, 기본적인 안전, 기본적인 소득, 기본적인 사회생활과 관계, 기본적인 시간이 없다. 그래서 기본사회가 필요하다. 기본적인 삶이 보장된다면 삶의 기본적인 고민을 덜어 낼 수 있고, 설사 살면서 어려움을 겪더라도 다시 시작할 기회를 만들 수 있다. 그래서 기본사회(basic society)는 기회사회(opportunity society)이기도 하다. 다음 장부터는 우리가 만들어 갈 기본사회를 조금 더 자세하게 살펴본다.

2

다시 만날 세계
: 기본사회의 철학적 기초

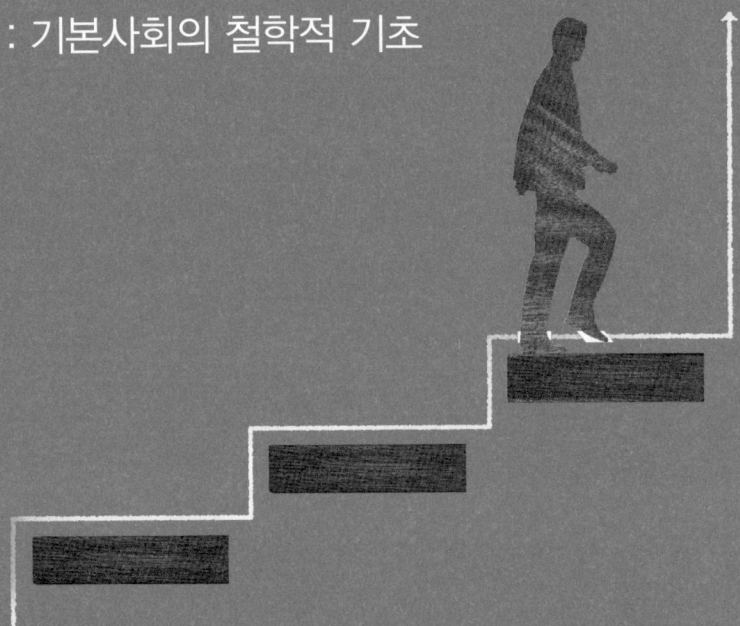

01

사람들은
왜 협력할까

보통 인간은 '이기적'이라고 알려져 있는데, 어떻게 타인을 존중하고 돕는 사회를 만들 수 있었을까? 사람들이 다른 사람을 돕는 것은 순수하게 도움받은 사람들의 행복을 위해서일까, 아니면 도움을 주는 자신의 이기적인 목적 때문일까? 이러한 질문들은 오래전부터 진화생물학자와 심리학자들이 연구해 왔고, 이후 행동경제학자와 사회학자들도 참여했으며, 현재는 AI 공학이나 과학계에서도 큰 관심을 보이고 있다.

이렇게 다양한 학문 분야(진화생물학, 사회생물학, 진화심리학, 인문학, 정치학, 경제학, 사회학, 철학, 공학, 과학)에서 인간의 협력적 행동에 주목하는 이유는 세계가 빠르게 발전하면서 불확실성이 커지고 불안과 위기감이 고조되고 있기 때문이다. 특히 과학기술,

경제교류, 교통과 통신의 발달로 세계는 더욱 가까워졌고, 멀리 있는 사람들의 문제가 언제든 우리의 문제가 될 수 있게 되었다. 과거에 비해 세상이 많이 좁아지고 있다. 다행히 인간은 오래전부터 경쟁관계에 있더라도 위기 상황에서는 서로 연민을 가지고 협력하는 것이 모두에게 이익이 된다는 사실을 경험적으로 알게 되었다. 찰스 다윈은 『인간의 유래』에서 사람은 결국 다른 사람을 도와주면 나중에 그 사람에게서 도움을 받게 된다는 것을 알게 된다고 하였고, 도움을 받은 사람은 직접 보답하거나 또는 다른 사람들을 통해 그 도움에 보답한다고 설명했다.

'이타성'이란 자신에게 손해가 되더라도 다른 사람에게 이익이 되는 행동을 하려는 성향을 말한다. 자신에게 손해가 될 수도 있는 이타적 행동이 진화 과정에서 살아남은 것은 그러한 행동이 결국 더 큰 보상으로 돌아왔기 때문이다. 어느 사회에서든 사람들은 서로 의존할 수밖에 없고, 살아가면서 다른 사람의 도움이 반드시 필요하다.

'호혜적 이타주의'라는 개념이 있다. 혈연관계가 없는 개체들 사이에서 어떻게 이타적 행동이 나타나고 진화했는가를 설명하는 이론이다. 진화생물학자인 로버트 트리버스는 이 호혜적 이타주의 개념을 이용하여 인간을 포함한 많은 동물들의 사회성이 발달한 이유를 설명하였다. 그 이유는 각자 살기 위해 도움을 주고받았기 때문이다. 다만 이러한 호혜관계가 지속되려면 한 가지 조건이 필요하다. 그것은 약속을 어기는 개체, 즉 도움을 받았음에도 보답을 하지 않는 개체들을 징벌한다는 조건이다.

사람들이 타인을 대하는 태도는 크게 두 가지로 나눌 수 있다. 하나는 자기 자신의 이익을 위해 타인과 관계를 맺는다는 이기주의적 입장이고, 다른 하나는 정말로 타인의 입장에서 타인을 배려하는 이타주의적 관점이다. 하지만 이기주의와 이타주의를 반드시 둘 중 하나를 선택해야 하는 문제로 보는 것은 바람직하지 않다. 인간은 완벽하게 이기적이지도, 완벽하게 이타적이지도 않다. 우리의 행동은 상황에 따라 이기적일 수도, 이타적일 수도 있으며, 이타적 행동이 이기적 동기에서 비롯될 수도 있고 그 반대의 경우도 있다.[31]

인간은 반복되는 상황에서 최선의 결과를 얻기 위해 '조건부 전략'을 사용하는데 조건부 전략이란 "상대가 협력하면 나도 협력하겠다"는 전략이다. "네가 나를 도와주면 나도 너를 도와주겠다"는 전략이란 점에서 '응수전략(tit for tat)'[32]이라고도 한다. 이때 보상은 직접적으로 보상하는 방식도 있고 사회적 평판을 통해 간접적으로 보상하는 방식도 있다.

우리가 다른 사람들과 협력적인 태도를 지속적으로 보이면, 처음에는 우리를 의심했던 상대방도 결국에는 우리에게 도움이 되는 협력적인 행동을 하게 된다. 이렇게 협력하는 집단은 협력하지 않는 집단보다 진화적으로 살아남을 확률이 더 높다. 반대로 상대가 비협력적이거나 배신적인 태도를 보이면, 우리도 배신 행동을 하게 된다. 이러한 배신하는 집단은 협력하는 집단에 비해 진화적으로 생존할 확률이 낮다.

흥미로운 사실은 이러한 행동이 다른 동물들에게서도 자주 발견된다는 점이다. 멕시코에서 아르헨티나까지 서식하는 흡혈 박쥐들을 보자. 이들은 매일 밤 피를 구하러 나가는데, 항상 성공하는 것은 아니다. 하루 평균 성인 박쥐의 7%, 어린 박쥐의 40%가 사냥에 실패해서 피를 제대로 먹지 못한다. 며칠 동안 계속 피를 섭취하지 못하면 생명이 위험해질 수 있다. 이럴 때 굶주린 박쥐는 다른 박쥐들의 도움으로 살아남는다. 그날 피를 충분히 먹은 박쥐가 자신이 먹은 피를 토해 내어 배고픈 박쥐에게 나눠 준다. 윌킨슨이라는 학자에 의하면, 이 박쥐 집단은 대부분 친척 관계지만 일부는 외부에서 온 이민자 박쥐들이다. 그런데도 피를 나누는 데 차별을 두지 않았다. 누가 누구에게 피를 나눠 주는지 추적해 보니, A라는 박쥐가 과거에 B라는 박쥐에게 피를 나눠 준 적이 있으면, 나중에 A박쥐가 굶을 때 B박쥐가 도와줄 가능성이 높았다.[33]

침팬지 집단에서도 비슷한 현상이 발견된다. 드 발 교수의 연구에 따르면, 침팬지 A가 B의 털을 골라 주면, 나중에 A가 B에게 먹이를 달라고 했을 때 B가 들어줄 가능성이 높아진다. 반대로 A가 B의 털을 골라 주지 않았는데 먹이를 달라고 하면, B가 거절할 확률이 높아진다. 침팬지들의 상호성은 여기서 그치지 않는다. 수컷 침팬지들 사이에서는 우두머리 자리를 놓고 치열한 권력 다툼이 벌어지는데, 이때 누구와 동맹을 맺을지가 매우 중요하다. 드 발 교수가 네덜란드 아른헴 동물원의 침팬지들을 관찰한 결과, 여기서도 '상호성의 원칙'이 나타났다. A가 우두머리가 되는 과정에서 B가 도움을 줬다면, 나중에 B와 C가 서열 다툼을 할 때 A가 B를 도와주는 경향이 있었다.[34] 이처럼 흡혈박쥐와 침팬지의 사례를 통해 "나는 과거에 나를 도와준 상대방만 도와준다"는 원칙이 확인되었다.

    인간 사회도 마찬가지다. 수렵채취 부족들 중에는 사막을 옮겨 다니며 가족 단위로 생활하는 부족도 있고, 여러 가족이 모여 큰 집단을 이루는 부족도 있다. 부족마다 차이는 있지만, 수렵채취 부족들의 공통점은 대부분 농업이나 목축 대신 사냥과 채집으로 생활하며, 잡은 사냥감은 누가 잡았는지와 관계없이 마을 사람들이 공평하게 나누고 평등주의적 부족 질서를 유지한다는 점이다.

    여기서 의문이 드는 점은 '내가 사냥을 나가지 않아도 누군가가 잡아 온 고기를 받을 수 있을 텐데, 사람들은 왜 사냥을 나갈까?' 하는 것이다. 이에 대해 가장 설득력 있는 설명이 '반복-상호성 가설'이다. 인류학자들의 통계를 보면, 가장 사냥 실력이 좋다는 탄자니아 하드자 부족의 전사들도 성공률이 3%에 불과하다.[35] 그래서 지금 내가 여유 있을 때 다른 사람을 도와주면, 나중에 내가 어려울 때 도움을 받을 가능성이 높아진다고 생각한다. 일종의 상부상조이자 상호보험이다. '반복-상호성 가설'에는 서로 간의 믿음, 즉 사회적 신뢰가 전제되어 있다.

그런데 사회적 신뢰를 증대하기 위해서는 각 개인들이 바람직한 선택을 하도록 이끄는 제도적 장치가 매우 중요하다. 특히 다른 사람을 돕는 행동이 손해가 아니라 이익이 되는 제도와 구조를 만들어야 한다. 그래야 나와 내 가족을 위해서 남을 진심으로 돕게 된다. 남을 도우면 내가 도움을 받게 되는 구조, 당장 도움에 대한 보상을 받지 못하더라도 나중에 내가 혹은 내 가족이 받게 될 수 있도록 제도를 설계해야 한다. 예를 들어, 출산하는 산모를 돕는 산모도우미를 정부가 지원하는 것처럼, 도움이 필요한 사람뿐 아니라 그들을 돕는 사람들도 지원해야 한다. 마치 이어달리기 하듯이 연쇄적인 도움의 체인이 이루어져야 한다. 이래야 너도나도 모두가 위험에서 벗어날 수 있고 성장할 수 있다. 혼자서 해결할 수 없는 사회가 되어 가고 있다. 남을 돕지 않으면 나도 도움을 기대할 수 없으므로 모두가 공존하고 성장할 수 있는 서로돌봄 시스템을 만드는 것이 바로 기본사회의 목표가 되어야 한다.

인간에게는 공정성과 정의에 대한 감각이 본능적으로 있다는 것을 보여 주는 여러 실험들이 있다. 그중 하나가 '최후통첩 게임(ultimatum game)'이다. 이 게임은 이렇게 진행된다. 먼저 한 집단의 사람들에게 각각 20만 원씩 준다. 그리고 이 사람들에게 상대방에게 얼마를 주겠다고 제안하도록 요구한다. 20만 원 전부를 줄 수도 있고, 아예 안 줄 수도 있다. 단, 중요한 규칙이 있다. ⅰ) 만약 상대방이 제안받은 금액을 받아들이면 두 사람이 그 금액을 정확히 반반씩 나눠 갖는다. ⅱ) 하지만 상대방이 거절하면 두 사람 모두 한 푼도 받지 못한다. 만일 제안하는 사람이 합리적으로 생각한다면 상대방이 가장 적은 금액을 제안하려 할 것이고, 상대방은 아무리 적더라도 일단 받아들일 것이라고 예상할 수 있다. 하지만 실제 실험 결과는 이러한 예상과 달랐다. 제안하는 사람들은 생각보다 훨씬 많은 금액을 제안했고, 상대방들은 제법 많은 금액을 제안받았음에도 이를 거절했다.

1982년 독일 쾰른 대학에서 게임이론을 전혀 모르는 학생 42명을 대상으로 이 실험을 진행했다. 실험 결과, 제안자들은 평균적으로 37%에 해당하는 금액을 상대방에게 제안했고, 21명의 제안자 중 7명이나 되는 사람들이 50%를 제안했다.[36] 앞에서 들었던 예시대로 20만 원을 가정한다면, 제안자들은 평균적으로 37%인 7만 4,000원을 상대방에게 제안했고 일부(7명)는 50%인 10만 원이나 제안했다는 얘기이다. 또 상대방들은 자신에게 제안된 금액이 30%보다 적으면 그 제안을 거절했다. 즉 평균적으로 30%인 6만 원 이하는 거절했다는 의미이다. 7만 4,000원보다 훨씬 더 적은 금액을 제안하지 않고 6만 원 이하라도 거저 생기는 돈인데 이를 거절했다는 것은 매우 의외이다.

    이 실험 결과가 알려지자 경제학계는 물론 사회학, 심리학 분야에서도 큰 반향이 일어났다. 이는 사람들이 합리적이고 이기적으로 행동한다는 기존 경제이론의 예측과는 매우 다른 결과였기 때문이다. 이후에도 비슷한 실험들이 많이 진행되었는데, 결과는 거의 같았다. 제안자 역할을 맡은 사람들은 보통 40~50% 정도의 금액을 상대방에게 제안했고, 상대방들은 제안받은 금액이 20%보다 적으면 대부분 거절했다. 이러한 결과를 어떻게 해석할 수 있을까. 두 가지 해석이 가능하다. 첫째는 제안자들이 자신의 제안이 거절될 것을 걱정해서 미리 높은 금액을 제안했다는 해석이다. 이는 일종의 합리적인 선택이라고 볼 수 있다. 둘째는 어차피 공짜로 받은 돈이니 공평하게 나누는 것이 옳다고 생각해서 높은 금액을 제안했다는 해석이다. 이는 공평성이나 이타심에 기반한 선택이라고 볼 수 있다.

다음으로 공정성과 정의에 대한 본능적 감각을 증명하기 위해 소개할 실험은 '공공재 게임'이다. 이 게임은 죄수의 딜레마 게임과 비슷하지만, 두 사람이 아닌 여러 사람이 참여한다는 점이 다르다. 게임 방식은 이렇다. 10명의 참가자에게 각각 1만 원까지 기부할 기회를 준다. 기부는 강제가 아니며, 누가 얼마를 냈는지는 비밀로 한다. 특이한 장치는 이렇게 모금된 금액이 2배로 늘어난다는 점과 2배로 늘어난 모금액을 10명에게 똑같이 나눈다는 점이다. 따라서 모든 사람이 1만 원 전액을 기부하면 모두에게 가장 최대의 이익이다. 10명이 모두 기부하면 10만 원이 모이고 이것이 2배가 되어 20만 원이 된다. 이를 10명이 나누면 한 사람당 2만 원씩 받게 되므로, 각자 1만 원의 순이익을 얻게 되기 때문이다.

하지만 개인의 입장에서는 다른 사람들이 기부하든 말든 자신은 기부하지 않는 것이 가장 이득이다. 왜냐하면 나만 기부하지 않으면 다른 사람들이 모은 돈의 두 배를 똑같이 나눠 받을 수 있기 때문이다. 나를 제외하고 9명이 1만 원씩 기부하면 9만 원이 모이고 그 2배인 18만 원을 10명이 나누면 18,000원씩 받게 될 것이다. 9명은 8,000원 이익이지만 나는 18,000원을 거저 얻게 되어 최대수혜자가 된다.[37]

이론적으로는 모든 참가자가 1만 원씩 기부하는 것이 사회 전체적으로 가장 좋지만, 개인적으로는 기부하지 않는 무임승차가 더 유리하다. 따라서 만약 사람들이 자신의 이익만 생각한다면 아무도 기부하지 않을 것이라고 예상할 수 있다. 그런데 실제 실험 결과는 달랐다. 단 한 번만 진행되는 게임에서도 참가자들은 자신이 가진 돈의 40~60%를 기부했다. 이는 앞으로 다시 만날 일이 없는 사람들 사이에서도 협력이 일어날 수 있다는 것을 보여 준다.[38]

마지막으로 인간이 호혜적 이타주의의 본성을 지니고 있음을 증명하기 위해 소개할 실험은 '신뢰게임(Trust Game)'이다.[39] 이 게임은 두 명의 참가자(제안자와 응답자) 사이의 신뢰와 호혜성을 알아보기 위해 고안되었다. 먼저 제안자에게 일정액을 주고, 이 중 응답자에게 보낼 금액을 결정하도록 한다. 보내고 남은 금액은 모두 가질 수 있다. 그리고 응답자가 받은 금액은 자동으로 3배로 늘어난다. 이제 응답자는 3배로 늘어난 금액 중 얼마를 다시 제안자에게 돌려줄지 결정해야 한다. 예를 들어 제안자가 10만 원을 받아 이 중 5만 원을 보낸다면 응답자가 받은 금액은 15만 원으로 늘어난다. 그리고 응답자는 제안자에게 원하는 만큼의 금액을 상환한다는 얘기이다. 이 게임의 규칙대로 하면 많이 나눌수록 전체 금액이 증가하여 제안자와 응답자 모두 받을 수 있는 이익도 늘어난다.

　표준적인 경제학 이론의 설명처럼 참가자가 완전히 이기적이라면 이 게임의 결과는 매우 예측가능하다. 즉 응답자는 받은 금액을 전혀 반환하지 않을 것이고, 이를 예상한 제안자는 애시당초 한 푼도 보내지 않았을 것이다. 왜냐하면 제안자는 응답자에게 한 푼도 보내지 않을 경우 10만 원을 모두 가질 수 있어 유리하고, 응답자는 제안자로부터 받은 금액이 3배로 늘어난 상태에서 한 푼도 상환하지 않는 것이 유리할 것이기 때문이다. 그러나 실험 결과는 이론적 예측과 다르게 나타났다. 제안자는 상당한 금액을 송금했고 응답자 역시 상당한 금액을 상환하였다. 사람들은 자신의 이익 손실 가능성에도 불구하고 상대방을 신뢰했고, 상대방 역시 이익 손실 가능성에도 불구하고 상대방에게 보답하려 했다. 제안자는 응답자를 불신할 수 있는 선택권이 있었고 응답자는 제안자를 배신할 수 있는 선택권이 있었지만 그러한 선택을 하지 않았다.

　이러한 실험들이 기본사회에 주는 시사점은 인간이 본성적으로 협력과 호혜성을 추구하는 존재이며 일부 무임승차자가 있더라도 대다수의 상호 호혜와 신뢰는 모두에게 이익이 된다는 점이다. 이러한 두 가지 사실은 서로를 돕는 인간의 본성을 제도화하여 기본사회제도를 구축하는 것이 사회 대다수 구성원에게 도움이 된다는 점을 보여 준다. 기본사회는 모든 구성원이 최소한의 생활을 보장받으면서도, 서로 돕고 협력하는 과정에서 더 큰 사회적 가치를 창출할 수 있는 제도적 기반을 제공한다. 단순한 복지제도를 넘어 인간의 협력 본능과 호혜성을 극대화하여 지속 가능한 사회발전을 이루는 진화적 산물이라 할 수 있다. 이는 개인의 기본권 보장과 사회 전체의 발전이라는 두 가지 목표를 동시에 달성할 수 있는 가장 효과적인 사회 모델이다.

이러한 게임이론들이 보여 주는 것처럼, 인간은 단순히 이기적인 존재가 아니라 서로 협력하고 도움을 주고받으며 살아가는 존재다. 이는 기본사회가 추구하는 가치와 정확히 일치한다. 이것이 바로 기본사회의 이론적 기반이다. 우리는 이러한 실험들을 통해 인간 사회의 본질적인 모습을 볼 수 있다. 그것은 바로 협력하고 신뢰하며 서로를 돕는 것이 결국 모두에게 이익이 된다는 사실이다. 이것이 바로 기본사회가 지향하는 핵심 가치이며, 우리가 함께 만들어 가야 할 미래의 모습이다.

02

코로나19의 경험과 새로운 계약의 필요성

역사적으로 볼 때, 호혜적 이타주의는 공정, 포용, 인정, 분배, 공동체와 같은 정의의 원칙들과 조화를 이루며 발전해 왔다. 이러한 발전에 따라 정책과 제도도 만들어지고 변화했다. 아무리 이기적이거나 이타적인 사람이라도 '사회와 공동체' 안에서 자신의 이기적이거나 이타적인 동기를 실현한다. 이러한 점에서 개개인이 사회에 도움이 되는 결정과 행동을 하도록 만드는 제도적 장치를 만드는 것이 매우 중요하다.

현실에서 사람들은 다른 사람의 행복을 위해 자신의 손해를 감수하는 경우가 많으며, 특히 위기 상황에서는 오히려 협력을 통해 문제를 해결해 왔다. 역사적으로 인간은 흑사병, 기근, 굶주림, 코로나 전염병, 공황 등 큰 위기를 협력과 돌봄을 통해 극복한 사례가 무수히 많다. 대규모 위기가 이타주의를 강하게 불러오는 이유는 그 영향이 넓고 강도가 세기 때문에 자신도 그 영향에서 자유로울 수 없다는 걱정 때문이다. 인간은 혼자서는 해결할 수 없는 문제를 집단의 노력을 통해 더 잘 해결할 수 있다는 것을 경험을 통해 알고 있다. 가장 최근에 발생했던 코로나19 상황에서도 이러한 점을 확인할 수 있었다. 코로나19 초기에 각국은 국경을 닫고 자국의 백신 공급에만 집중했으며 형편이 어려운 국가들의 백신 상황을 외면했다. 하지만 그 결과 코로나는 더 빨리 퍼지고 있었다.

2021년 2월 17일, 안토니우 구테흐스 UN 사무총장은 백신 이기주의를 경고하며, 선진국들에게 백신의 공정한 분배를 거듭 촉구했다.

"단 10개국이 백신의 75%를 투여한 반면 130여 개국은 단 한 차례도 접종하지 못했다"

"부유한 국가들이 전 세계 사람들에게 신속하게 백신을 접종하도록 하지 않는다면 코로나19 대유행은 장기화할 것"

"과학적인 전문 지식과 생산 능력, 재정적 능력을 하나로 묶을 수 있는 글로벌 접종 계획이 시급히 필요하다"

"충분하고 공정한 분배와 백신에 대한 신뢰를 위해 협력한다면 코로나19를 물리칠 수 있을 것이다"

— CNN, 2021년 2월 18일

다행히 WHO를 중심으로 전 세계적 협력 체제를 만들고 개발도상국의 백신 공급을 지원하면서 점차 위기를 극복했다. 각국은 경제 위기 극복을 위한 여러 경기부양 대책과 재난지원금 지급 등을 시행했다. 흥미로운 점은 초기에 강하게 국경을 폐쇄했던 권위주의적인 국가들이 시간이 지나면서 초기와 같은 우위를 유지하지 못했고, 개방적이고 포용적인 민주주의 국가들이 초기 어려움을 극복하고 대체로 잘 대응했다는 점이다. 코로나 사례는 '국가는 왜 존재하는가', '국가는 국민을 위해 무엇을 해야 하는가'와 같은 논쟁을 불러일으키며 이른바 국가의 역할을 다시 생각하게 만들었다.

인간은 생각하고 배우는 능력이 있을 뿐만 아니라, 상황을 바꾸기 위해 계획하고 만드는 능력, 공동의 문제를 해결하기 위해 다른 사람과 협력하고 조직할 수 있는 능력을 가지고 있다. 이 덕분에 지금과 같은 발전이 가능했다. 게다가 인간은 자신의 이익에만 연연하지 않고 가족은 물론 지역사회와 국가 차원에서도 다른 이들을 챙기고 서로의 의무를 살핀다. 우리가 내는 세금으로 다른 지역에 사는, 얼굴도 모르는 사람들에게 혜택을 제공하는 것만 봐도 이 사실을 알 수 있다. 진화생물학자 에드워드 윌슨은 "집단이 얼마나 잘 운영되는지는 집단의 각 구성원이 개별적으로 좋은 대우나 나쁜 대우를 받는 정도와 관계없이, 구성원들이 얼마나 잘 협력하느냐에 달려 있다"고 말했다. 우리가 도움과 돌봄을 제공하는 이유는 그렇게 하는 것이 나와 우리의 삶에 도움이 되기 때문이다. '모두를 위한 것이 우리를 위한 것이고 결국에는 나를 위한 것'이라는 생각이다. 우리는 자신의 이익을 위해 잘 작동하는 사회를 만들고자, 또 다른 시민들과 연대하고자 기꺼이 자신의 몫을 내놓는다. 이것이 다른 사회구성원들과 함께 살아야 하는 당위성과 개인의 욕망 사이에서 타협하고 균형을 이루어 공동체를 지속 가능하게 만드는 유일한 방법이기 때문이다.

　더구나 현재 우리가 사는 사회는 '혼자서 해결할 수 없는' 사회가 되어 가고 있다. 이러한 사회에서는 분노의 정치가 자라나고, 정신건강의 문제가 퍼지며, 청년층과 노인층 모두 미래를 두려워하게 된다. 삶의 여러 영역에서 발생하는 위험을 개인이 혼자 감당하는 것은 불공평할 뿐만 아니라 비효율적이고 생산적이지도 않다. 이제 새로운 사회계약을 맺어야 한다. 근대 정치철학의 핵심을 이루는 사회계약론은 토마스 홉스, 존 로크, 장 자크 루소에 의해 체계적으로 발전되었다. 이들은 각각 다른 관점에서 공동체가 어떻게 형성되고 정당성을 갖는지 설명하고자 했다.

이들 세 사상가의 사회계약론은 자연상태에 대한 생각과 바람직한 정부 형태, 권리 양도의 정도 등에서 큰 차이를 보였다. 인간을 본질적으로 이기적이며 자기보존을 가장 중요하게 여기는 존재로 파악했던 토마스 홉스는 인간은 서로 끊임없이 투쟁하여 모두가 비참한 상황에 처하게 될 것이라 주장했다. 이러한 비참한 상태에서 벗어나는 유일한 방법은 자신들의 권리를 절대군주에게 완전히 양도하는 계약을 맺는 것이라며 절대군주제를 지지했다.[40] 존 로크는 홉스와 달리 자연상태를 비교적 평화로운 상태로 이해했다. 그에 따르면 인간은 생명, 자유, 재산에 대한 자연권을 가지며 사회계약의 목적은 주권자로 하여금 시민들의 생명과 자유, 재산을 지키도록 하는 것이다. 로크는 정부의 권력이 제한되고 견제되는 제한적 입헌군주제를 선호하였지만, 만약 주권자가 시민들의 권리를 제대로 보호하지 못할 때는 시민들이 봉기하여 새로운 권력구조를 만들어야 한다고 주장하였다.[41] 장 자크 루소는 자연상태에서 인간은 자연적 평등을 누렸으나 사유재산이 생기고 문명사회가 발전하면서 불평등이 발생하고 인간은 타락했다고 주장한다. 루소는 일반의지(general will)라는 특별한 개념을 통해 작은 단위의 정치공동체에서 시민들이 직접 입법과정에 참여하는 직접 민주주의와 인민주권을 지지했다. 그의 사회계약은 시민들이 입법권자가 되어 자발적으로 따를 법률을 스스로 만들고, 이를 통해 국가 권위의 정당성을 확보하는 것이었다. 루소는 개인의 자유를 중시하면서도 강한 시민적 덕성과 공동체적 결속을 특별히 강조했다.[42]

이들의 사회계약론은 개인의 권리와 자유의 중요성을 강조하고 현대 민주주의와 정치제도의 이론적 기초를 제공했다는 점에서 중요한 의미를 갖는다. 하지만 런던정치경제대학(LSE) 총장을 지낸 미노슈 샤피크는 2022년 발간한 『이기적 인류의 공존 플랜: 21세기를 위한 새로운 사회계약』에서 전통적인 사회계약론의 한계를 지적하며 21세기의 새로운 도전과제들을 해결하기 위한 새로운 사회계약의 필요성을 제기했다. 현대의 기준에서 보았을 때 홉스, 로크, 루소의 사회계약에서 시민은 최소한의 권리와 의무만 부여받았을 뿐이다. 사회계약은 사회에서 착취당하지 않고 살기 위한 최소한의 전제 조건에 불과했다. 하지만 이제는 권력이 주권자로부터 시민들에게로 더 많이 옮겨졌기 때문에 사회계약을 둘러싼 논쟁은 국가에 대한 시민의 의무가 무엇이고 또 서로의 의무가 무엇인지에 초점을 맞추어야 한다고 샤피크는 주장한다.[43]

샤피크에 따르면, 전통적 사회계약은 백인 남성 재산소유자들을 주된 계약 당사자로 전제했기 때문에 여성, 소수자, 빈곤층 등 다양한 사회구성원들의 이해관계와 필요를 충분히 반영하지 못했다. 또한 전통적 사회계약은 현대와 같은 국가 간 협력과 초국가적 문제 해결을 위한 틀을 제공하지 못한다. 게다가 전통적 사회계약이 현재 세대 간의 계약에만 중점을 두어 미래 세대에 대한 책임과 의무를 충분히 고려하지 못했으며 기후변화와 환경문제, 인구 고령화, 불평등의 심화와 같은 심각한 문제들을 다루기에 부적절하다고 보았다. 끝으로 전통적 사회계약론이 개인의 독립성과 자율성을 지나치게 강조했다고 비판하면서 현대 사회에서는 개인과 집단 간의 상호의존성이 더욱 중요해졌다고 지적하였다.[44]

이러한 비판을 바탕으로 샤피크는 새로운 사회계약의 필요성을 제기했다. 그녀는 새로운 사회계약에는 모든 구성원의 이해관계를 반영하는 포용성이 강화되어야 하며, 미래 세대에 대한 책임을 인식하는 세대 간 정의가 포함되어야 한다고 주장했다. 또한 초국가적 문제 해결을 위한 글로벌 협력과 기본적인 사회안전망 구축이 필요하다고 보았다. 현재 한국을 포함한 전 세계에서 수많은 사람들이 삶에 좌절하는 이유는 기술발전과 인구구조 변화 등에서 발생한 압력에 기존의 사회계약이 제대로 작동하지 않기 때문이다. 사회계약이 제대로 작동하지 않은 결과, 아이들을 돌보는 일, 치매노인을 돌보는 일, 실직자가 새로운 생계수단을 찾는 일, 노년기에 자신을 돌보는 일 등에서 발생하는 많은 책임과 그에 따른 위험을 개인이 감당하고 있다.

역사적으로 보면 과거에도 사회가 큰 변화를 겪을 때마다 사람들은 사회계약을 다시 규정해 왔다. 미국은 대공황을 극복하기 위해 뉴딜정책을 도입했고, 영국은 세계대전을 치른 뒤에 사회보장제도를 크게 확대했다. 현재와 같이 저출생, 고령화, 인공지능, 기후변화, 자살률, 노인빈곤율 등 대한민국에 새로운 사회계약을 요구하는 변화들이 넘쳐 난다. 현재의 낡은 경제모델과 사회모델은 서로의 요구사항을 재조정하고, 새로운 기회를 제공하며, 변화에 능동적으로 대처할 수 있는 새로운 사회적 합의로 바뀌어야 한다. 특히 모든 인간은 인간다운 삶을 영위하는 데 필요한 것들을 적정 수준으로 보장받을 수 있어야 한다. 기본적인 생활이 가능할 정도의 소득, 교육을 받을 권리, 필수적 의료서비스, 노인 빈곤예방을 위한 복지 등이 제공되어야 한다.[45]

대전환기를 맞이하는 대한민국에서도 새로운 사회계약이 필요하고, 이 계약은 모든 사람들에게 안정된 삶과 다양한 기회를 보장할 수 있는 사회구조를 실현할 수 있어야 한다. '모두를 위한 것이 우리를 위한 것'이며, '우리를 위한 것이 결국 나를 위한 것'이라는 상호의존성을 인정해야 한다. 코로나19 팬데믹은 여러 측면에서 이러한 상호의존성을 분명히 보여 주었다. 전 세계 사람들의 안전은 이전까지 만나 본 적도 없고 얼굴도 모르는 수많은 사람들의 도움과 돌봄으로 해결할 수 있었다.

    기본사회는 새로운 사회계약의 구체적 실현 방안이다. 기본사회는 모든 구성원의 기본적 생활을 보장함으로써 사회적 위험을 공동으로 분담하고, 개인의 역량을 강화하여 지속 가능한 발전을 도모한다. 모두의 안전과 행복이 서로 연결되어 있는 현대사회에서 기본사회의 구축은 더 이상 선택이 아닌 필수가 되었다. 이는 단순한 복지정책을 넘어, 상호의존성을 인정하고 공동체의 지속 가능성을 확보하는 새로운 사회계약의 핵심 요소라 할 수 있다.

03

공정한 사회를 위해
필요한 조건

　우리는 자주 공정한 사회를 만들어야 한다고 말한다. 그런데 과연 무엇을 기준으로 공정함을 판단해야 할까? 각자가 가진 '자원'을 기준으로 할지, 각자가 느끼는 '만족감'을 기준으로 할지가 오랫동안 논쟁이 되어 왔다. 또한 '기회'를 평등하게 보장하는 것이 좋을지, '결과'를 평등하게 보장하는 것이 좋을지도 중요한 문제였다. 공리주의자들은 '최대 다수의 최대 행복'을 추구했다. 즉 사회 전체의 만족도를 가장 크게 만드는 분배가 좋다고 보았다. 하지만 이러한 생각에는 문제가 있다. 개인의 행복감을 어떻게 측정하고 비교할 수 있는지가 불분명하고, 전체의 행복을 위해 소수의 불행을 정당화할 수 있기 때문이다. 공리주의는 도덕적 규범에서 벗어나 사회 전체의 행복을 높인다는 실질적인 목표를 추구한다는 점에서 실용적이고 현실적이다. 하지만 공리주의 철학은 '개인'의 행복보다 구성원 '전체'의 행복을 중시한다는 점에서 민주사회에서 시민들이 받아들이기 어려운 분배 원칙이다.

정치철학자 존 롤스는 다른 관점을 제시했다. 그는 '공정성이 곧 정의'라고 보면서, 정의로운 사회란 '자유롭고 평등한 개인들이 합리적으로 동의할 수 있는 질서'라고 주장했다. 롤스는 '무지의 장막' 상태를 가정했다. 이는 자신이 부자인지 가난한지, 건강한지 아픈지 모르는 상태에서 어떤 원칙을 선택할 것인지를 생각해 보는 것이다. 이러한 상태에서 사람들은 세 가지 원칙에 동의할 것이라고 롤스는 보았다. 첫째, 모든 사람이 차별 없이 자유로워야 한다는 자유의 원칙이다. 둘째, 가장 어려운 처지에 있는 사람에게 도움이 된다면 불평등을 허용할 수 있다는 차등의 원칙이다. 셋째, 모든 사람에게 공평한 기회가 주어져야 한다는 기회균등의 원칙이다. 이 세 가지가 롤스가 말하는 정의의 원칙이다.[46]

롤스는 또한 사람이 살아가는 데 꼭 필요한 '기본재(primary goods)'의 중요성을 강조했다. 기본재란 기본적 자유, 직업 선택의 기회, 경제적 소득과 재산, 인간으로서의 존엄성 등을 말한다. 그는 타고난 재능도 개인의 것이 아닌 사회의 공동자산으로 보았다. 왜냐하면 재능을 타고나는 것은 개인의 선택이나 노력과 관계없는 운(luck)의 문제이기 때문이다. 따라서 자신이 이룬 결과물에 대해 마치 당연한 자신의 몫인 것처럼 우쭐대며 본인의 자격을 주장하겠지만, 엄밀히 말하자면 그러한 결과물을 얻는 과정에서 좋은 가정과 사회적 환경 등 운의 도움을 받은 것이므로 겸손해질 필요가 있다.[47]

드워킨도 비슷한 생각을 했다. 그는 자신이 선택한 결과에 대해서는 책임을 져야 하지만, 선택하지 않은 결과에 대해서는 책임질 필요가 없다고 생각했다. 따라서 개인이 선택할 수 없는 선천적 특성으로 인해 발생하는 불평등은 정당화될 수 없다는 주장이다. 사회는 자질의 차이가 불평등으로 이어지지 않도록 재분배 등을 통해 막아야 할 책임이 있다. 그러므로 선택하지 않았기에 책임질 필요가 없는 요인으로 인해 불리한 상황에 처한 사람들에게 보다 많은 재화가 제공되어야 한다.[48]

기회균등을 설명한 존 뢰머라는 학자가 있다. 뢰머는 기회균등을 '목표달성의 기회를 평등하게 제공하는 것'이라고 정의하면서, 개인이 목표를 달성할 때 환경, 노력, 정책이라는 세 가지 요소의 영향을 받는다고 주장하였다. 즉 개인의 성과는 환경에 의해서만 이루어지는 것도 아니고 노력만으로 달성되는 것도 아니다. 이 세 가지 요소의 결과이다. 첫째는 개인이 통제할 수 없는 '환경'이다. 이를테면 사회적, 유전적, 생물학적 조건들을 말한다. 둘째는 개인이 책임질 수 있는 '노력'이다. 셋째는 환경이 개인들의 성과에 미치는 영향을 최소화하기 위한 '정책'이다. 뢰머의 기회균등이론(equal-opportunity)은 한마디로 '노력의 차이가 아닌 환경의 차이'로 인해 결과가 달라지지 않도록 만드는 것이다.[49] 따라서 환경적 요인으로 인한 불평등은 보상되어야 하지만, 개인의 자발적 노력으로 인한 차이는 인정되어야 한다는 주장이다.[50]

예를 들어 두 학생이 있다고 하자. A는 부유한 가정에서 자라 좋은 교육을 받았고, B는 가난한 가정에서 자라 열악한 환경에서 공부했다. 만약 이 두 학생이 같은 시험 점수를 받았다면, B 학생이 더 많은 노력을 했을 것이다. 왜냐하면 B 학생은 불리한 환경을 극복해야 했기 때문이다. 이러한 상황에서 공정한 평가를 위해서는 비슷한 환경에 있는 사람들끼리 비교해야 한다. 각 지역이나 소득 수준별로 학생들을 나누어 경쟁하게 하는 것이 그 예이다. 이를 통해 환경적 불이익을 보완하면서도 개인의 노력은 인정할 수 있다. 이러한 접근은 완전한 결과의 평등을 추구하지 않으면서도, 공정한 기회를 제공하려는 현실적인 방안이라고 할 수 있다.

기본사회는 이러한 철학적 논의들이 현실에서 구현되는 실천적 형태이다. 모든 구성원이 기본적인 생활을 영위할 수 있도록 보장하는 것은 롤스가 말한 기본재의 개념과 같다. 또한 드워킨이 강조한 자원의 공정한 분배를 실현하는 방안이 되며, 뢰머의 기회균등이론에서 강조하는 '환경적 차이의 보정'을 위해서도 기본사회가 필수적이다.

　기본사회는 단순히 최소한의 생활 보장을 넘어, 모든 구성원이 자신의 잠재력을 발휘하고 공정한 경쟁에 참여할 수 있는 기반을 제공한다. 이는 환경적 요인으로 인한 불평등을 최소화하면서도 개인의 자발적 노력과 선택을 존중하는 균형 잡힌 시스템을 지향한다는 점을 의미한다. 구체적으로 기본사회는 모든 구성원에게 평등한 기회를 제공하고, 환경적 차이로 인한 불이익을 보완하며, 개인의 노력에 따른 성취를 정당하게 인정하는 사회이다. 이러한 점에서 기본사회는 결과의 평등이 아닌 진정한 기회의 평등을 실현하는 현실적 방안이며, 지속 가능한 발전의 토대가 된다.

04

분배 정의와
다름의 인정

　오늘날의 새로운 사회 갈등들은 단순히 자원을 나누는 문제가 아니라, '삶의 질'을 높이고 '다양성과 차이'를 인정하는 것으로 해결할 수 있는 문제들이다. 낸시 프레이저는 오늘날의 복잡한 갈등을 해결하기 위해서는 '인정'과 '분배' 두 가지가 모두 필요하다고 말한다. 이를 '이원론적 정의관'이라고 한다. 반면 악셀 호네트는 서로를 인정하게 되면 분배 문제도 자연스럽게 해결된다고 주장한다. 이를 '인정 일원론'이라고 한다.
　악셀 호네트는 한 사람이 건강하게 자라나고 사회 구성원이 되기 위해서는 세 가지 차원의 인정이 필요하다고 말한다. 첫 번째는 '사랑의 인정'이다. 이것은 가족이나 친구처럼 가까운 사람들에게서 받는 사랑과 지지를 말한다. 예를 들어, 우리가 힘들 때

부모님이 곁에서 응원해 주거나, 친구가 우리의 이야기를 진심으로 들어주고 공감해 줄 때 우리는 사랑의 인정을 경험한다. 이러한 경험들이 쌓이면 우리는 자신을 믿을 수 있는 기본적인 자신감을 갖게 된다. 하지만 반대로 학대나 폭력 같은 '무시'를 경험하면 자신감은 무너지게 된다.

두 번째는 '권리의 인정'이다. 이것은 법과 제도를 통해 한 사람으로서 받는 인정이다. 우리 사회의 구성원으로서 기본적인 권리를 보장받고, 다른 사람들과 똑같은 대우를 받는 것을 말한다. 예를 들어, 학교에서 모든 학생이 차별 없이 같은 교육을 받거나, 사회에서 자신의 생각을 자유롭게 말할 수 있는 권리를 보장받는 것이 여기에 해당한다. 이러한 권리의 인정을 통해 우리는 자신이 존중받을 가치가 있는 존재라고 느끼게 되고, 이는 건강한 자기 존중으로 이어진다. 하지만 이러한 권리를 보장받지 못하면 자기 존중감은 사라진다.

세 번째는 '연대의 인정'이다. 이것은 우리의 능력과 특성, 성취가 사회적으로 가치 있는 것으로 인정받는 것을 의미한다. 단순히 잘하는 것을 칭찬받는 것을 넘어서, 우리만의 특별한 능력과 기여가 사회적으로 중요하게 여겨지는 것을 말한다. 예를 들어, 우리가 가진 특별한 재능이나 노력으로 다른 사람들에게 도움을 주고, 그것이 사회적으로 인정받을 때 우리는 연대의 인정을 경험한다. 이를 통해 우리는 진정한 자부심을 가질 수 있게 된다. 하지만 반대로 우리의 능력과 개성을 인정받지 못하면 자부심을 가질 수 없다.[51]

호네트는 이 세 가지 차원의 인정이 서로 밀접하게 연관되어 있으며, 어느 하나라도 결핍되면 개인의 정체성 발달에 부정적인 영향을 미칠 수 있다고 설명한다. 가정에서 충분한 사랑을 받지 못하면 자기 신뢰가 부족해질 수 있고, 사회적 차별을 경험하면 자기 존중감이 저하될 수 있으며, 자신의 능력이나 노력을 인정받지 못하면 자부심이 손상될 수 있다. 따라서 건강한 사회를 만들기 위해서는 이 세 가지 인정이 모든 구성원에게 균형 있게 보장되어야 한다. 이는 단순히 개인의 행복만을 위한 것이 아니라, 사회 전체의 발전과 통합을 위해서도 필수적이다. 현대 사회의 많은 갈등과 문제들도 결국은 이러한 인정의 결핍이나 왜곡에서 비롯된다. 이러한 관점에서 보면 분배 차원의 정의와 인정 차원의 정의를 구분하는 것은 의미가 없으며, 분배 요구는 넓은 의미에서 인정 요구의 한 모습일 뿐이다.

낸시 프레이저는 최근의 사회운동이 전반적으로 분배투쟁에서 인정투쟁으로 바뀌고 있다고 설명한다. 예전의 사회운동이 주로 분배 정의를 이루려 했다면, 오늘날의 사회운동은 차이를 인정받는 것을 주요 목표로 삼고 있다. 하지만 이러한 변화는 경제적 불평등 문제를 소홀히 하게 만든다는 점에서 문제가 있다. 프레이저는 현대 사회의 갈등이 문화적 차별과 경제적 불평등이라는 두 축을 중심으로 존재한다고 보았다. 따라서 통합적 접근이 필요하다고 말한다.

'재분배'는 경제적 정의를 의미한다. 돈과 소득이 공정하게 나누어져야 하고, 누구나 필요한 물질적 자원을 얻을 수 있어야 한다. 적절한 임금을 받고, 복지혜택을 누리며, 기본적인 생활을 할 수 있도록 보장받는 것이 여기에 해당한다. '인정'은 문화적 정의를 의미한다. 모든 사회구성원의 정체성과 다른 점이 존중받아야 하고, 문화적 차별이나 편견이 없어야 한다는 것이다. 성별, 인종, 종교, 성적 지향 등에 따른 차별을 없애고 다양성을 인정하는 것이 이에 해당한다. 그런데 프레이저는 이 두 가지가 서로 분리될 수 없는 관계라고 주장한다. 예를 들어, 여성이 겪는 불평등은 단순히 경제적 차별(낮은 임금)만의 문제가 아니라, 문화적 차별(성역할 고정관념)과도 연결되어 있다는 식이다. 다시 말해 여성에 대한 잘못된 가치평가가 여성에 대한 무시와 차별을 만들어 내는 동시에 임금노동에 대한 평가에서도 불평등하게 나타난다.

따라서 진정한 사회정의를 실현하기 위해서는 경제적 재분배와 문화적 인정이 동시에 이루어져야 한다는 것이 그녀의 주장이다. 분배와 인정의 문제는 결코 따로 떨어진 문제가 아니며, 불평등이 무시를 낳고 무시는 불평등을 만들어 낸다. 결론적으로 불평등 문제를 해결하기 위해서는 물질적 지원만으로는 부족하며, 사회문화적 인정과 존중이 함께 이루어져야 한다는 것이 프레이저의 핵심적 주장이다.[52]

실제 사회운동들은 경제적 분배와 문화적 인정의 문제를 비중만 다를 뿐 동시에 가지고 있다. 예를 들어 성차별에 대한 사회운동은 문화적 인정과 경제적 분배 모두와 관련된다. 노동운동도 경제적 분배와 문화적 인정 둘 다와 관련된다. 예컨대 재분배는 복지를 받는 사람들을 권리를 가진 주체로 보는 문화적 인정과 함께 가야 하며, 여성 노동에 대한 문화적 인정은 그에 맞는 물질적 보상과 함께 가야 한다. 여성의 수입이 늘어나면 여성에 대한 무시는 줄어들 것이고, 모든 사람에게 충분한 복지를 제공하면 인종차별 정서가 약해질 것이다. 반대로 문화적 인정이 경제적 상황을 개선하는 경우도 얼마든지 있을 수 있다.

프레이저는 분배 부정의와 인정에서의 부정의가 각각 독자성을 가진다고 보는 반면, 호네트는 분배갈등을 인정갈등의 한 부분으로 해석한다. 대부분의 분배갈등이 인정갈등을 포함하는 것은 사실이다. 하지만 모든 분배갈등이 잘못된 인정질서에서 비롯된 것이라고 할 수는 없을 것이다. 차이는 있지만 공통적으로 호네트와 프레이저 모두 오늘날 경제적 불평등의 문제가 다양성과 차이의 무시라는 문제와 연관되어 있음을 강조한다. 이는 한국 사회의 실천적 대안을 찾는 데 중요한 의미를 가지고 있다.

두 사람의 생각을 종합해 보면, 기본사회를 만드는 것은 분배정의와 인정의 문제를 함께 해결할 수 있는 중요한 바탕이 될 수 있다. 모든 구성원이 기본적인 생활을 할 수 있도록 경제적으로 보장받으면 물질적 재분배가 이루어지고, 이는 자연스럽게 서로를 인정하고 존중하는 것으로 이어질 수 있기 때문이다. 결론적으로 기본사회를 만드는 것은 분배와 인정이라는 두 가지 차원의 정의를 함께 이루면서, 지속 가능한 사회발전을 이룰 수 있는 실천적 방안이 될 수 있다.

05

기본사회는
동반성장으로 가는 디딤돌

마이클 영이 1958년에 쓴 『능력주의의 등장』이란 소설에서 '능력주의(meritocracy)'라는 단어가 처음으로 등장하였다. 이 책은 2034년의 미래를 배경으로 능력주의의 문제점을 비판하는 이야기이다. 그가 말한 능력주의의 공식은 '지능+노력=능력'이다. 즉, 개인의 지능과 노력을 더한 것이 그 사람의 능력(merit)이 된다는 뜻이다. 마이클 영은 능력주의 사회에서 생길 수 있는 문제점들을 이렇게 예상했다. 첫째, 능력주의는 새로운 형태의 세습 엘리트를 만든다. 즉 똑똑하고 능력 있는 부모들이 자기 자녀에게 더 좋은 교육과 기회를 주기 때문에, 세대가 지날수록 능력의 차이가 더 커진다. 이는 앞에서 말한 기회의 대물림과도 같다.

둘째, 능력주의는 새로운 형태의 차별을 정당화한다. 그 결과 능력이 낮다고 평가받은 사람들은 자신의 처지를 자기 탓으로 여기게 되고, 이는 사회 구성원들의 단결을 약화시키고 계층 간 갈등을 키우게 된다. 셋째, 능력주의는 인간의 가치를 너무 단순하게 평가한다. 지능과 노력만으로 인간의 가치를 평가하면 사람들이 가진 다양한 재능과 가능성은 무시될지 모른다. 넷째, 능력주의 사회에서는 교육이 본래의 목적을 잃고 사람을 고르고 나누는 도구가 된다. 실제로 우리 사회에서는 입시 경쟁이 심해지면서 교육이 도구처럼 쓰이는 모습이 나타나고 있다. 다섯째, 마이클 영은 능력주의가 결국 민중의 저항을 불러올 것이라고 예상했다. 소설에서 2034년의 사회는 능력주의에 반대하는 민중들의 봉기로 무너진다. 이는 능력주의가 만드는 사회 분열과 갈등이 결국 사회 체제를 무너뜨릴 수 있다는 경고였다.

마이클 영이 비판한 능력주의의 문제점들은 오늘날 현실화되었다. 특히 교육 기회의 불평등, 계층 이동의 감소, 엘리트 세습 등 그가 우려했던 현상들이 실제로 나타나고 있다. 그가 비판했던 '능력주의'는 오히려 긍정적 가치로 수용되어 현대 사회의 지배적 이념이 되었다. 1960~1970년대 서구 사회는 전통적인 신분제와 세습제를 타파하고 평등한 기회를 보장하고자 했는데, 이 과정에서 능력주의는 원래 전통적인 신분제 사회를 없애고,

공정한 경쟁을 통해 평등한 기회를 주며, 노력하는 사람에게 합당한 보상을 해주는 공정한 대안으로 여겨졌기 때문이다. 학력과 능력 중심의 사회 이동이 진보적 가치로 인식되었고, 기존의 귀족제나 세습제에 비해 훨씬 나은 방식으로 이해되었다. 시간이 흐르면서 영의 풍자적 의도는 점차 희석되었고, '능력'은 객관적 평가 기준으로 받아들여졌다. 특히 개인의 노력과 성과를 강조하는 가치관과 결합하면서, 능력주의는 더욱 공고해졌다. 대학 입시, 공무원 선발 등에서 표준화된 시험이 도입되었고, 기업에서는 성과주의 인사관리가 확산되었다. 능력 중심의 평가는 곧 공정성의 상징이 되었다.

마이클 샌델은 『공정이라는 착각』에서 능력주의의 허상을 날카롭게 지적했다. 능력주의를 옹호하는 사람들은 이것이 공정한 사회를 만든다고 주장하지만, 실제로는 승자의 오만과 패자의 굴욕만을 낳고 있다는 것이다. 그는 능력주의가 모든 가치를 시장 논리로만 평가하려 하고, 교육의 본질을 왜곡하며, 사회 구성원들 간의 연대의식을 해친다고 주장한다. 특히 능력주의가 내세우는 '공정성'은 실상 허구에 불과하며, 오히려 사회 분열을 심화시키고 있다고 경고했다.

샌델은 능력주의의 문제점을 이렇게 분석했다. 첫째, 현대 사회에서 능력주의는 새로운 형태의 차별 도구로 변질되었다.

성공한 사람들은 자신의 성취를 순전히 개인의 노력과 재능 덕분이라 믿어 교만해지고, 실패한 사람들은 모든 책임을 자신에게 돌려 좌절하고 분노하게 된다.

둘째, 능력주의는 '성공한 사람이 모든 것을 차지한다'는 논리를 정당화한다. 이는 부와 기회의 극심한 불평등을 초래하고, 사회 구성원들 사이의 유대를 약화시킨다. 특히 명문대학에 진학하는 것이 사회적 성공의 중요한 수단이 되면서, 입시 경쟁이 과열되고 교육의 본래 가치가 훼손되고 있다.

이처럼 능력주의가 가진 근본적인 한계들을 극복하기 위해서는, 단순히 개인의 능력을 서열화하는 방식이 아닌 다른 접근이 필요하다. 아마티야 센은 '역량 접근법(capabilities approach)'이라는 새로운 방법을 제시했다. 센은 인간다운 삶을 살아가기 위해서는 기본적인 역량이 필요하다고 말한다. 여기서 말하는 기본적 역량이란, 우리가 살아가면서 꼭 필요한 중요한 일들을 해낼 수 있는 실질적인 능력을 의미한다. 예를 들어, 건강하게 살 수 있는 능력, 충분한 영양을 섭취할 수 있는 능력, 교육을 받을 수 있는 능력, 사회활동에 참여할 수 있는 능력 등이 이에 해당한다.

단순히 이러한 것들을 할 수 있는 권리가 있다는 것을 넘어서, 실제로 그것을 할 수 있는 여건과 조건이 갖춰져야 한다. 센은 특히 돈이나 물질적인 자원을 가지고 있는 것만으로는 부족하다고 강조하는데, 예를 들어, 학교가 있더라도 실제로 그곳에서 교육을 받을 수 있는 여건이 안 된다면, 또는 병원이 있어도 치료를 받을 수 없는 상황이라면 진정한 의미의 역량이 없는 것과 같다. 이러한 기본적 역량은 개인적인 차원과 사회적인 차원 모두에서 필요하다. 개인적으로는 건강, 교육, 기술 등이 필요하고, 사회적으로는 이를 뒷받침할 수 있는 제도와 기회, 경제적 여건이 갖춰져야 한다. 정부는 단순히 물질적 지원을 하는 것을 넘어서, 사람들이 실제로 자신의 능력을 발휘하고 원하는 삶을 살 수 있도록 다양한 기회와 여건을 만들어 주어야 한다. 교육, 의료, 사회보장제도 등이 모두 이러한 관점에서 설계되어야 한다.

결국 센이 말하는 기본적 역량이란, 우리가 인간답게 살아가기 위해 꼭 필요한 것들을 실제로 할 수 있는 진정한 자유와 능력을 의미한다. 중요한 점은 단순히 투입된 자원이나 서비스의 양이 아니라 실제로 개인의 역량을 얼마나 강화시켰느냐이다. 예를 들어, 교육정책이 성공했는지는 단순히 취업률이나 입학률이 아니라, 교육을 통해 학생들이 실제로 자신의 잠재력을 얼마나 실현하고 원하는 삶을 추구할 수 있게 되었는지로 평가해야 한다. 센의 '역량 강화론'은 불확실한 현대 사회가 직면한 복잡한 사회문제들을 이해하고 해결하는 데 매우 유용한 이론적 틀을 제공한다. 특히 단순히 물질적 자원을 나누는 것을 넘어서, 각 개인이 소중하게 생각하는 가치와 희망을 실현할 수 있는 실제적 자유가 보장되어야 개인적 역량이 커지고 인간으로서의 잠재력이 충분히 발휘된다고 주장한 점은 기본사회의 개념과 정확히 일치한다.

센의 역량 개념을 더욱 구체화하여 인간이 인간다운 삶을 살기 위해 반드시 필요한 핵심 역량을 제시한 이는 마사 누스바움이다. 누스바움은 10가지 핵심 역량을 제시하면서 이러한 기본적 역량들이 모든 인간의 존엄성을 위해 필수적이며, 정부는 이를 보장할 의무가 있다고 주장했다.[53] 첫째로, 인간은 누구나 정상적인 수명을 살 수 있어야 한다. 이른 나이에 죽지 않고, 생명을 유지할 수 있는 기본적인 조건이 갖춰져야 한다는 의미이다. 둘째, 건강한 신체를 유지할 수 있어야 한다. 충분한 영양을 섭취하고, 깨끗한 환경에서 살며, 필요할 때 의료 서비스를 받을 수 있어야 한다. 셋째, 자신의 신체를 자유롭게 사용하고 보호받을 수 있어야 한다. 즉 원하는 곳으로 자유롭게 이동할 수 있고, 폭력의 위협 없이 안전하게 살 수 있어야 한다. 넷째, 교육을 통해 기본적인 읽고 쓰기, 예술 활동, 종교 활동의 자유가 보장되어야 한다. 다섯째, 다양한 감정을 느끼고 표현할 수 있어야 한다. 사랑하고, 그리워하고, 때로는 분노할 수 있는 감정의 자유가 필요하다. 여섯째, 자신의 삶에 대해 깊이 생각하고 계획할 수 있어야 한다. 무엇이 좋은 삶인지 스스로 판단하고 선택할 수 있는 능력이 필요하다. 일곱째, 다른 사람들과 의미 있는 관계를 맺을 수 있어야 한다. 차별받지 않고 동등한 존재로 존중받으며, 다른 사람들과 더불어 살아갈 수 있어야 한다. 여덟째, 자연과 다른 생명체들과 조화롭게 살아갈 수 있어야 한다. 동물과 식물을 돌보고, 환경을 보호하는 것도 중요한 역량이다. 아홉째, 놀이와 여가를 즐길 수 있어야 한다. 웃고 즐기며, 다양한 문화생활을 누릴 수 있어야 한다. 마지막으로, 자신의 환경을 통제할 수 있어야 한다. 정치적으로는 투표권을 행사하고 의사결정에 참여할 수 있어야 하며, 경제적으로는 일할 권리와 재산권이 보장되어야 한다.

    누스바움은 이 10가지 역량이 모두 같이 발전해야 한다고 강조한다. 어느 하나도 다른 것으로 대체될 수 없기 때문이다. 정부는 모든 시민이 이러한 역량을 발휘할 수 있도록 도와야 할 의무가 있다고 말한다. 이러한 누스바움의 역량 접근은 단순한 경제적 지표나 능력주의를 넘어, 진정한 인간 발전이 무엇인지에 대한 더 풍부한 이해를 제공하고, 특히 취약계층의 기본적 권리와 존엄성을 보장하는 데 중요한 이론적 기반이 된다. 기본적 욕구(필요)가 충족되어야만 역량 강화론에서 강조하는 인간으로서나 시민으로서 갖추어야 하는 기본적 역량을 키울 수 있다는 점에서 역량 개념과 기본적 필요 개념은 서로 보완적이라고 할 수 있다. 이러한 맥락에서 기본사회의 필요성이 더욱 부각된다. 능력주의가 초래한 경쟁과 서열화, 불평등의 심화를 극복하기 위해서는 모든 구성원의 기본적 필요를 보장하는 새로운 사회 시스템이 필요하다. 기본사회는 돌봄, 소득, 의료, 주거 등을 국가가 기본권으로 보장함으로써, 센의 역량 강화를 가능하게 하고 누스바움의 핵심 역량들이 실질적으로 발현될 수 있는 토대를 제공한다. 이는 단순히 복지 차원을 넘어, 모든 구성원이 자신의 잠재력을 발휘하고 의미 있는 삶을 추구할 수 있는 실질적 자유를 보장하는 것이다. 특히 기본사회는 센이 강조한 '실질적 자유'의 확장을 가능하게 하며, 이를 통해 개인의 역량 강화와 사회의 지속 가능한 발전을 동시에 추구할 수 있다.

변치 않을 사랑의 마음

: 기본사회의 헌법정신

3

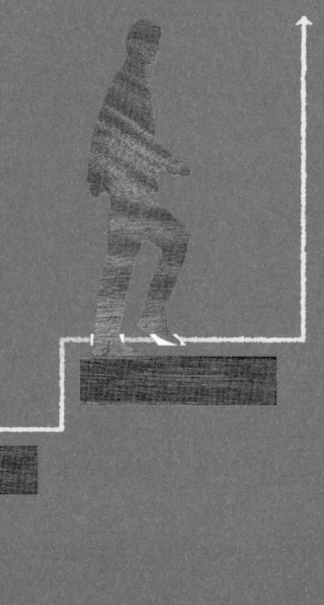

01

인간의 기본적 욕구와 자유롭고 민주적인 사회

　인권은 말 그대로 사람의 권리이다. 인간이 태어날 때부터 인간이기 때문에 자연스럽게 인정되는 권리를 말하는 것이므로 인종, 국적, 장애, 연령, 성별, 직업을 떠나 인간이라면 누구나 인간으로서 인정받을 수 있고 주장할 수 있는 정당하고 옳은 자격을 말한다. 인권은 또한 특정 시기와 조건 속에서 인정되는 것이 아니라 인간이 존재하는 동안 항구적으로 인정되는 권리이다. 따라서 인권의 보편성과 항구성은 인권이 누구도 침해할 수 없는 개인의 권리임을 말해 준다. 다만 타인의 권리나 공동체의 이익을 위해 필요한 만큼의 최소한도로 제한될 수는 있다. 권리는 인간의 욕구(human needs)에서 비롯된다. 살고 싶다는 욕구가 생존권을 만들고, 쉬고 싶다는 욕구가 휴식권을 만든다. 그런데 욕구 개념에는 가치 판단적 요소가 내포되어 있다. 무엇이 대상자에게 필요한 것인가 그리고 가장 옳은 것인가를 판단해야만 한다. '욕구'가 필요한 것 자체를 말한다면 '권리'는 욕구의 충족을 통해 성취하고자 하는 목적이라고 할 수 있다. 욕구의 5단계를 제시한 매슬로우도 인간의 기본적 욕구는 권리로 간주하는 것이 정당하며, 욕구의 만족은 자연권으로 간주될 수 있다고 하였다. 따라서 국가는 인간이 인간답게 존재하기 위해 필요한 욕구를 충족시킬 수 있어야 하고, 이것이 곧 인권을 보장하는 것이다. 기본사회는 바로 이와 같은 인권적 차원에서 모든 국민의 기본적 욕구를 파악하고 실현하는 사회이다. 다시 말해 인간의 존엄에 따른 필요를 보장하는 사회인 것이다.

그런데 이때 '필요한 욕구란 무엇인가'라는 문제에 부딪힌다. 필요한 욕구란 사람마다 각기 다른 것일까 아니면 모두에게 공통된 것일까. 많은 연구가 보여 주듯이 '필요에 따른 분배' 원칙은 공동체의 유대가 강한 소규모 집단이나 소규모 인간관계에서 분배정의 원칙으로 통용된다. 그러나 사회제도와 국가 수준에서 적용되는 사회정의 원칙이 될 수 있는지 답하려면 필요 원칙이 각자의 주관적인 욕구나 소망이 아니라 사회정의의 기준으로서 합의될 만한 객관성을 갖출 수 있는지 따져 봐야 한다. 사람들이 '원하는 것'과 '필요한 것'은 다르다. 가령 알콜 중독자가

술을 '원하지만', 술이 그 사람에게 '필요한' 것은 아니다. 폐암 환자가 담배를 '원할지라도' 담배가 그에게 '필요한' 것은 아니다. 따라서 '필요한' 것은 주관적 소망이나 선호와 다를 수 있다. '원하고 욕구하는 것'은 개인마다 다를 수 있지만, '필요한 것'은 모든 개인에게 공통적이다. 가령 물과 공기가 없으면 살아남을 수 없으므로 물과 공기는 시대와 장소를 초월하여 인간에게 필수적으로 필요하다.[54]

사회정의 원칙에서 중요한 것은 기본적 필요(욕구)의 범주이다. 기본적 필요란 인간이 생존과 존엄성을 유지하고, 사회의 구성원으로서 정상적인 삶을 영위하기 위해 반드시 충족되어야 하는 필수적인 요소들을 의미한다. 이는 단순히 생물학적 생존을 위한 의식주나 기초적인 의료서비스를 넘어서, 교육받을 기회, 안전한 환경, 기본적인 사회활동 참여, 자아실현의 기회 등을 포함한다. 따라서 '그것'이 없으면 인간다운 삶을 영위할 수 없거나 직업인으로서, 시민으로서, 부모로서 제대로 사회적 역할을 수행할 수 없고, 인간으로서 기본 능력을 발휘할 수 없다면 '그것'은 '기본적 욕구'의 범주에 해당한다.

사회정의의 관점에서 기본적 필요의 충족은 최우선적으로 보장되어야 하는데, 이는 이러한 욕구들이 충족되지 않으면 개인의 자율성과 역량 발휘가 근본적으로 어렵기 때문이다. 따라서 기본적 욕구의 충족은 그 어떤 다른 사회정의 원칙들에 우선한다고 할 수 있다. 정의로운 사회는 모든 구성원의 기본적 필요가 충족될 수 있도록 제도적 장치를 마련해야 하며, 이는 개인의 능력이나 업적과 무관하게 보편적으로 보장되어야 한다.

그러나 기본적 욕구를 '매우 낮은 수준'으로 이해할 필요는 없다. 이를테면 살아 있기는 하지만 겨우겨우 목숨만 부지하는 삶, 타인과의 소통과 교류가 없는 고독한 삶을 기본적 욕구라고 볼 수는 없다. 기본적 욕구의 개념을 인간다운 삶을 영위할 만한 역량증진에 초점을 맞추는 방향으로 폭넓게 바라볼 필요가 있다. 빈곤을 물질적 자원의 결핍뿐만 아니라 시간이나 교우관계 같은 비물질적 자원이나 비금전적 자원의 결핍, 인간다운 삶을 누릴 수 있는 역량의 결핍으로도 이해하는 관점에서 접근하면 인간으로서의 잠재력을 발전시킬 수 있는 다양한 기본적 기회들도 기본적 욕구 원칙에 포함할 수 있다.

다행히 우리나라 헌법은 자유민주적 기본질서를 지향하며, 국민의 기본적 필요를 충족시킬 수 있는 다양한 기본권을 보장하고 있다. 헌법이 추구하는 자유롭고 민주적인 사회란 단순히 개인이 원하는 대로 행동할 수 있는 무제한적 자유가 아니라, 모든 시민이 인간 존엄성 실현에 필수적인 기본적 자유를 평등하게 향유할 수 있는 사회를 의미한다. 헌법 제10조부터 제36조에 걸쳐 규정된 기본권은 시민으로서의 지위 유지와 역량 발휘에 필수적인 권리들을 포괄한다. 이는 단순한 선언이 아니다. 실질적으로 보장되어야 할 권리로서, 국가는 이러한 기본권이 실현될 수 있도록 적극적인 역할을 해야 한다. 특히 주목할 점은 헌법이 보장하는 기본권이 단순히 국가의 간섭으로부터 자유로운 소극적 자유에 그치지 않고, 돈을 비롯한 물질적 제약이나 지식, 정보, 기술 등의 개인의 내적 역량의 부족으로 인하여 어려움을 겪지 않도록 적극적, 실질적 자유까지 고려해야 한다는 점이다.

그러므로 국가나 공공기관, 특정단체나 개인들이 기본적 자유를 위협해서는 안 되고 물질적 결핍이나 개인의 역량부족이 기본적 자유의 행사에 장해가 된다면 물질적 여건을 적극 제공하여 사회구성원 모두가 자유를 실질적으로 행사할 수 있을 정도의 기본적 역량을 확보할 수 있도록 지원해야 한다.[55]

우리 헌법은 제10조에서 제36조까지 국민들의 기본적 자유에 대한 권리를 규정하고 있다. 그중 자유권적 기본권에는 생명권, 신체를 훼손당하지 않을 권리, 신체의 자유와 같은 인신의 자유권과 양심의 자유, 종교의 자유, 언론출판의 자유, 집회결사의 자유, 학문과 예술의 자유 등의 정신적 자유권, 그리고 사생활의 비밀과 자유, 주거의 자유, 거주이전의 자유, 통신의 자유와 같은 사생활 자유권이 포함된다. 인신의 자유권을 통해 가장 기초적인 생존의 욕구를 충족시키고, 정신의 자유권을 통해 인간의 정신적, 문화적 욕구충족을 지원하며, 사생활 자유권을 통해 개인의 프라이버시와 자율성이라는 기본적 욕구를 충족시킨다.

경제적 기본권은 재산권, 직업선택의 자유, 소비자의 권리를 보장함으로써 경제적 자립과 물질적 안정이라는 기본적 필요를 충족시킨다. 이는 단순히 경제적 활동의 자유를 보장하는 데 그치지 않고, 경제적 자원에 대한 동등하고 자유로운 접근을 통해 생존과 발전을 위한 물질적 기반을 마련한다는 의미를 갖는다.

정치적 기본권은 정치적 자유와 참정권을 보장함으로써 시민으로서의 정치적 참여와 자기결정이라는 필요를 충족시킨다. 이는 민주사회의 구성원으로서 정치적 의사결정 과정에 참여하고 자신의 의견을 표현할 수 있는 권리를 보장함으로써 시민으로서의 존엄성을 실현하는 데 기여한다.

청구권적 기본권은 청원권, 재판청구권, 국가배상 청구권, 국가보상 청구권을 포함하여 권리 침해시 이를 구제받을 수 있는 절차적 권리를 보장한다. 이는 다른 기본권이 침해되었을 때 실질적으로 이를 회복할 수 있는 수단을 제공함으로써 기본적 필요 충족을 위한 안전망 역할을 한다.

사회권적 기본권은 인간다운 생활을 할 권리, 근로권, 교육을 받을 권리, 환경권, 쾌적한 주거생활권을 보장함으로써 시민들이 자신의 역량을 개발하고 실질적으로 자유를 향유할 수 있는 기반을 마련해야 한다. 헌법이 지향하는 자유민주적 기본 질서 아래에서, 기본권 보장은 단순히 국가의 간섭 없음을 의미하는 것이 아니라 **'인간의 존엄성과 자주성을 실현하여 행복한 삶을 영위하는 데 필요한 기본적 자유들이 가능한 광범위하고 평등하게 보장'**되는 적극적 상태를 의미한다. 기본사회는 새로운 헌법 개정이 아닌 기존의 헌법상의 규정을 충실하게 이행함으로써 모든 시민이 평등하게 자유를 향유할 수 있는 환경 조성을 목표로 한다.

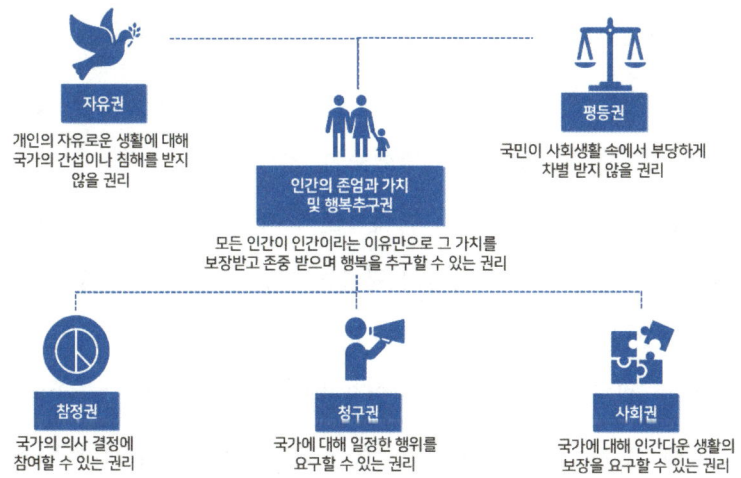

02

인간존엄의 실천을 위한 사회적 기본권

　모든 기본권의 최종적 근거는 인간존엄이다. 모든 기본권의 핵심에는 '인간의 존엄성'이라는 가치가 있다. 인간이 존엄하다는 것은 모든 사람이 인간답게 살 권리가 있다는 것을 의미한다. 이러한 인간다운 삶을 위해서는 '자유'와 '평등'이라는 두 가지 조건이 반드시 필요하다. 자유는 단순히 법으로 보장되는 것만으로는 부족하다. 앞에서 설명했듯이, 인간존엄을 실현하기 위한 자유를 온전하게 보장되기 위해서는 법적으로 자유가 보장되는 형식적 자유뿐 아니라 자신이 원하는 행위를 실제로 할 수 있는 실질적 자유가 보장되어야 한다. 실질적 자유는 현실적 여건, 즉 물질적, 재정적 여건이 충족되었을 때 비로소 보장될 수 있다.[56] 실제로 그 자유를 누릴 수 있는 현실적인 조건이 갖춰져야 한다.

예를 들어 교육을 받을 자유가 있더라도 돈이 없어서 학교에 다니지 못한다면 그것은 진정한 자유라고 할 수 없다. 이처럼 자유를 실제로 누리기 위해 필요한 물질적, 경제적 조건을 보장받을 권리를 '사회적 기본권(사회권)'이라고 한다.

인간의 기본적 필요를 충족시키기 위해서는 사회권의 보장이 필수적이다. 사회권은 모든 인간이 존엄한 삶을 영위하는 데 필요한 기본적 조건들을 국가가 적극적으로 보장해야 한다는 권리이다. 여기에는 교육권, 노동권, 주거권, 건강권, 문화권 등이 포함된다. 토마스 험프리 마셜에 따르면 사회권은 "적정수준의 경제적 복지 및 보장으로부터 사회적 유산을 충분히 공유하고 사회의 보편적 기준에 따라 문명화된 삶을 영위할 수 있는 권리에 이르는 전 범위의 권리"이다. 마샬의 사회권 개념은 복지국가뿐 아니라 민주주의에도 광범위하고 근본적인 영향을 미친다. 첫째, 사회권은 형식적 민주주의를 실질적 민주주의로 발전시키는 데 핵심적 역할을 수행한다. 단순히 투표권이나 정치적 참여권을 보장하는 것을 넘어, 시민들의 실질적인 생활 조건을 개선함으로써 진정한 의미의 민주적 참여가 가능하도록 만들어 주기 때문이다. 교육권, 건강권, 주거권 등 민주주의의 물질적 기반의 강화를 통해 시민들이 정치적 판단과 참여에 필요한 기본적 조건을 갖출 수 있도록 지원할 뿐만 아니라, 특히 공교육의 확대는 시민들의 정치적 식견과 참여 능력을 높이는 데 결정적 역할을 한다. 둘째, 사회권은 민주주의의 정당성을 강화시켜 준다. 국가가 시민들의 기본적인 복지를 보장함으로써, 민주주의 체제에 대한 시민들의 신뢰와 지지가 높아지기 때문이다. 이는 민주주의 체제의 안정성과 지속 가능성을 높이는 데 크게 기여할 뿐만 아니라 계층 간 갈등을 완화하고 사회통합을 촉진함으로써 민주주의의 작동을 원활하게 해준다. 셋째, 사회권은 사회구성원들이 의미 있는 삶을 살 수 있도록 해준다. 단순히 최소한의 생존을 보장하는 것을 넘어, 개인들이 자신의 잠재력을 실현하고 노동을 통한 사회참여, 문화생활을 통한 삶의 질 향상 등을 기대할 수 있기 때문이다. 기본적인 생활이 보장된 시민들은 더 적극적으로 사회운동과 시민활동에도 참여할 수 있게 되고, 이는 민주주의의 질적 향상으로 이어질 수 있다. 강한 기본사회가 강한 민주주의를 만든다는 얘기이다. 따라서 국가는 사회권 보장을 위한 적극적인 정책을 수립하고 실행해야 하며, 이러한 사회권의 보장은 결과적으로 사회 전체의 지속 가능한 발전과 통합을 이끌어 내는 핵심 동력이 된다.

사회적 기본권은 기본적인 생활에 필요한 모든 것을 포함한다. 예를 들어 생계, 주택, 의료, 교육, 돌봄과 관련된 자유를 실현하기 위해서는 필요한 음식을 먹을 수 있고, 머무를 주택이 공급되고, 아프면 치료를 받을 수 있으며, 필요한 교육을 받을 수 있을 뿐 아니라 돌봄을 제공받을 수 있어야만 한다. 물론 그 수준에 대해서는 물질적 최저생활 수준, 혹은 물질적 궁핍으로부터의 해방 수준으로 생존권적 차원에서 정의할 수 있겠지만 현대사회에서 사회적 기본권의 본질을 생존에 절대 필수적인 식품, 주택, 의료서비스 등으로 한정할 필요는 없다. 일반적인 사회적 기본권으로 이해될 수 있는 '인간다운 생활을 할 권리'(헌법 제34조 제1항)의 내용을 오로지 생존에 필수적인 '물질적인' 것만으로, 그리고 그 실현 정도 마저 '최저생활' 혹은 '최소한'으로 제한하는 것은 바람직하지 않다. 사회적 기본권의 실현 정도는 가능한 한 최대한 실현되도록 노력할 필요가 있다.[57] 현대 사회에서는 문화생활을 즐기고 건강하게 살아갈 수 있는 수준까지 보장받아야 한다.

평등 역시 법적인 평등만으로는 부족하다. 모든 사람에게 같은 기회를 준다고 해도, 처음부터 가진 것이 다르다면 결과는 불평등할 수밖에 없다. 앞서 1장에서 얘기한 부모의 사회경제적 지위에 따라 자녀들의 꿈과 인생에 격차가 생기는 것이 좋은 예시이다. 따라서 실질적인 평등을 이루기 위해서는 경제적, 사회적 차이를 줄이는 노력이 필요하다. 우리나라 헌법은 이러한 권리들을 '인간다운 생활을 할 권리'라고 부르며, 제31조부터 제

36조까지 자세히 규정하고 있다. 여기에는 노동, 교육, 환경, 주택, 건강 등과 관련된 권리가 포함된다. 국가는 이러한 권리들을 최대한 보장하기 위해 노력해야 하며, 이를 통해 모든 사람이 진정으로 자유롭고 평등한 삶을 살 수 있게 된다.

03

행복추구권과
인간다운 생활을 할 권리

우리나라 헌법의 기본권은 자유권, 평등권, 참정권, 청구권, 사회권 등 다양한 유형으로 구성되어 있다. 이러한 기본권들의 근간에는 인간의 존엄성과 행복추구권이라는 근본적 가치가 자리 잡고 있는데, 특히 행복추구권은 포괄적 기본권으로서 모든 기본권의 기초가 되며, 헌법 제10조에서 보장하는 인간의 존엄성과 함께 기본권 체계의 근간을 이룬다. 인간의 존엄성과 행복추구권은 개인의 인격을 존중받을 권리와 자유롭게 행동할 권리를 포함하지만, 이러한 법적 권리의 선언만으로는 실질적인 기본권 보장이 이루어질 수 없다. 이에 헌법은 제31조부터 제36조까지 교육권, 근로권, 환경권, 주거권, 건강권 등 구체적인 사회적 기본권들을 규정하고 있다.

특히 헌법 제34조의 '인간다운 생활을 할 권리'는 사회권적 기본권의 중요한 근거 중 하나이다. 제34조의 구체적인 조항은 ① 모든 국민은 인간다운 생활을 할 권리를 가진다. ② 국가는 사회보장·사회복지의 증진에 노력할 의무를 진다. ③ 국가는 여자의 복지와 권익의 향상을 위하여 노력하여야 한다. ④ 국가는 노인과 청소년의 복지향상을 위한 정책을 실시할 의무를 진다. ⑤ 신체장애자 및 질병·노령 기타의 사유로 생활능력이 없는 국민은 법률이 정하는 바에 의하여 국가의 보호를 받는다. ⑥ 국가는 재해를 예방하고 그 위험으로부터 국민을 보호하기 위하여 노력하여야 한다.

인간다운 생활을 할 권리는 명시적으로 규정된 사회권뿐만 아니라, 시대적 변화에 따라 새롭게 요구되는 권리들까지 포괄할 수 있다는 점에서 포괄적이고 일반적인 의미를 가진다. 이는 헌법을 만들 때 미처 생각하지 못했거나, 시대가 변하면서 새롭게 필요하게 된 권리들도 보호하기 위해서다. 예를 들어 디지털 시대에 필요한 정보접근권이나 데이터 기본권과 같은 새로운 유형의 권리들도 '인간다운 생활을 할 권리'에 포함될 수 있다. 이처럼 '인간다운 생활을 할 권리'는 인간의 존엄성이라는 큰 가치를 실현하기 위한 중간 다리 역할을 한다. 인간의 존엄성이라는 추상적인 가치에서 구체적인 권리들이 나오기까지, '인간다운 생활을 할 권리'가 그 연결고리가 되는 것이다. 이를 통해 헌법에 직접 나와 있지 않은 권리들도 보호받을 수 있다. 모든 국민이 행복을 추구할 권리와 인간다운 생활을 할 권리는 서로 밀접하게 연결되어 있으며, 기본사회를 만들어 가는 데 매우 중요한 역할을 한다.

먼저 행복추구권에 대해 좀 더 자세히 알아보자. 행복추구권은 말 그대로 모든 사람이 자신의 행복을 추구할 수 있는 권리이다. 예를 들어 자신이 원하는 직업을 선택하거나, 좋아하는 취미 생활을 하거나, 하고 싶은 공부를 할 수 있는 자유를 의미한다. 하지만 이러한 자유는 다른 사람에게 피해를 주지 않는 범위 내에서 보장된다. 행복추구권은 단순히 "너 하고 싶은 대로 해"라는 식의 자유가 아니다. 진정한 행복추구권이 실현되려면 그것을 실천할 수 있는 실제적인 조건들이 갖춰져야 한다. 예를 들어 공부를 하고 싶어도 돈이 없어서 못 한다면, 취미 생활을 즐기고 싶어도 시간적 여유가 없다면 그것은 진정한 의미의 행복추구권이 보장된 것이 아니다.

다음으로 인간다운 생활을 할 권리를 살펴보자. 이 권리는 모든 사람이 인간으로서의 존엄성을 지키면서 살아갈 수 있어야 한다는 것을 의미한다. 여기에는 여러 가지 내용이 포함된다. 첫째, 기본적인 의식주가 해결되어야 한다. 배고프지 않게 먹을 수 있고, 춥지 않게 입을 수 있으며, 안전하게 잠잘 곳이 있어야 한다. 둘째, 건강하게 살 수 있어야 한다. 아플 때 병원에 갈 수 있고, 필요한 치료를 받을 수 있어야 한다. 셋째, 교육을 받을 수 있어야 한다. 배우고 싶은 것을 배우고, 자신의 능력을 키울 수 있는 기회가 주어져야 한다. 넷째, 문화생활을 즐길 수 있어야 한다. 영화를 보거나 운동을 하는 등 여가 활동을 할 수 있어야 한다. 다섯째, 필요할 때 돌봄을 받을 수 있어야 한다. 어린이, 노인, 장애인 등 돌봄이 필요한 사람들이 적절한 보호를 받을 수 있어야 한다.

이러한 권리들은 단순히 법률에 명시되어 있다고 해서 저절로 실현되는 것이 아니다. 실제로 이러한 권리들이 보장되려면 사회의 적극적인 노력이 필요하다. 예를 들어 저소득층을 위한 주거 지원, 의료 보험 제도, 무상 교육, 문화 바우처 등 다양한 정책과 제도가 필요하다. 특히 중요한 것은 이러한 권리들이 모든 사람에게 공평하게 주어져야 한다는 점이다. 부자든 가난한 사람이든, 건강한 사람이든 장애가 있는 사람이든 관계없이 모든 사람이 인간다운 생활을 할 수 있어야 한다. 결국 행복추구권과 인간다운 생활을 할 권리는 서로 떼려야 뗄 수 없는 관계이다. 인간다운 생활이 보장되지 않으면 행복을 추구하는 것도 어렵고, 행복을 추구할 자유가 없다면 아무리 물질적으로 풍족해도 진정한 의미의 인간다운 생활이라고 할 수 없기 때문이다. 이러한 권리들이 제대로 보장될 때, 우리는 진정한 의미의 기본사회를 만들어 갈 수 있다. 모든 사람이 존엄성을 지키면서 자신의 행복을 추구할 수 있는 사회, 그것이 바로 우리가 꿈꾸는 기본사회의 모습이다.

울퉁불퉁하고 기울어진 경기장을 평평하게 만드는 일은 앞의 2장에서 살펴본 많은 사람들이 말한 모든 정의론과 사회철학에서 공통적으로 요구하는 사항이다. 경기장을 말끔히 다듬는 일, 즉 기회균등이 현대 사회정의론의 핵심이다. 우리 헌법은 전문에서 "자율과 조화를 바탕으로 자유민주적 기본질서를 더욱 확고히 하여 정치, 경제, 문화의 모든 영역에서 **각인의 기회를 균등히 하고**, 능력을 최고도로 발휘하게 하며, (…) 안으로는 국민생활의 균등한 향상을 기"할 것을 공언하고 다짐한다. 여기에서 개개인의 개성과 능력이 최대한 발현되도록 기회균등의 원리를 보장해야 한다는 한국 법체계의 근본정신을 파악할 수 있다. 그렇다면 기회균등 원리는 어떻게 이해해야 할까. 일단 기회균등의 원리가 적용되는 영역은 사회에서 부러워하는 유리한 지위들을 둘러싼 경쟁을 하는 단계에서의 기회균등과 경쟁에 필요한 능력을 발달시킬 기회균등으로 나누어 살펴볼 수 있다. 먼저 경쟁단계에서의 기회균등은 경쟁을 통해 후보자들의 능력과 성취를 측정하는 과정과 선발이 '평평한 경기장'에서 이뤄지면 기회가 균등하다고 보는 시각이다. 문제는 경쟁에 필요한 능력과 자격을 갖출 기회가 공정하게 제공되었는지, 경기장에 들어오기 전까지 전반적인 개인 인생이 어떠했는지는 고려되지 않는다는 한계가 있다. 이것이 우리 주변에서 흔히 바라고 목격되는 기회균등관이다. '공개적으로 경쟁'하고 그 결과 '가장 자격이 적합한 자를 선발'한다는 점에서 동의를 얻기 쉬운 방식이며 절차적 공정성만 따지면 되기 때문에 매우 단순하다.

 협소한 능력 위주의 단순한 기회균등관을 선택하는 사람들은 대체로 성공은 전적으로 그 개인의 '선택'과 '개인적 책임'에 달려 있다고 생각한다. 하지만 능력주의는 개인의 능력과 노력에 따라 사회적 지위와 보상이 분배되는 사회적 보상시스템이라는 그럴듯한 외양과 달리 부모의 능력에 대한 보상시스템으로 작동하면서 승자의 오만과 패자의 굴욕만을 초래하고 있다. 반면 능력 발달을 위한 기회균등은 더 근본적이고 장기적인 관점에서 접근한다. 개인의 잠재력을 개발할 수 있는 기회를 제공하는 데 중점을 두고, 모든 구성원이 자신의 능력을 충분히 발전시킬 수 있도록 필요한 교육과 지원을 제공하는 것을 목표로 한다. 이러한 접근은 실질적 평등을 추구하며, 사회적 이동성을 높이고 근본적인 불평등을 해소할 수 있는 가능성을 제공할 수 있다. 따라서 능력주의가 기회균등의 이상과 결합되려면 경쟁 과정에서 절차적 공정성 이전에 사회적으로 선망받는 지위나 직위에 필요한 자격요건(능력이나 실력)을 갖출 수 있도록 역량을 발전시킬 기회가 누구에게나 제공되어야 한다. 결론적으로 기회균등의 이상은 경쟁 단계에 들어서기 이전에 재능을 발전시킬 수 있는 기회가 고루 제공되었는지 여부에 달려 있다고 해도 과언이 아니다.

성공의 기회가 모두에게 열려 있어야 한다는 요건이 기회균등 원리의 핵심이다. 그렇다면 이 요건을 충족시키기 위해 국가와 사회는 무엇을 마련해 주어야 할까. 기회균등 원리에 담긴 공정성의 세 차원을 소개하면 첫째, 경쟁에 필요한 역량을 발달시킬 기회의 공정성이다. 출발선에 서기 전, 훈련하고 준비해서 경기장에 들어오기까지의 공정성이라 할 수 있다. 이를 위해서는 양질의 교육기회 제공, 문화적 경험의 기회 보장, 적절한 의료서비스 접근성 등이 보장되어야 한다. 둘째, 절차적 공정성으로 경쟁 '규칙'과 경쟁 '절차'의 공정성이다. 일종의 출발선의 공정성이라고 할 수 있다. 입시나 채용 과정에서 모든 지원자에게 동일한 기준과 평가 방식을 적용하는 것이 이에 해당한다. 셋째, 결과 독식을 방지하는 공정성이다. 한 번의 경쟁 결과가 이후의 모든 기회를 결정하지 않도록 불확실성을 확보하는 것이다. 승자가 모든 것을 독식하게 되면 이후의 경쟁에서 경기장은 항상 승자에게 유리하게 기울어질 가능성이 있다. 따라서 패자에게도 재도전의 기회가 주어져야 하며, 한 번의 실패가 영구적인 불이익으로 이어지지 않도록 해야 한다. 이를 위해 필요한 것은 재분배 정책, 사회안전망 구축, 재교육 기회 제공 등이다.

기본사회는 위와 같은 기본권을 모든 국민이 계층, 성별, 소득, 직업에 관계없이 누릴 수 있도록 만든다는 비전을 제시하고 국가가 적극적으로 실천하려는 운영 원리이다. 사회경제적 양극화와 불평등을 극복하고 모든 사람의 기본적인 삶이 보장되는 사회를 만들겠다는 것이다. 기본적인 삶이란 최소한의 삶이 아니라 사회적으로 인정되는 도달 가능한 기본적인 필요가 충족될 때 비로소 가능하다. 따라서 자유권, 참정권, 사회권 등의 기본권 사상은 기본사회의 법적 전제이다.[58]

04

기본사회의
일곱 가지 정의

2장과 3장을 통해 우리는 기본사회의 철학적 기초와 우리 헌법정신에 담긴 헌법적 기초를 살폈다. 이러한 논의를 정리해, 기본사회는 다음의 일곱 가지로 정의할 수 있다. 이러한 일곱 가지 정의는 배타적인 것이 아니라, 기본사회의 다면적, 복합적 특성을 설명하는 것으로 이해할 수 있다.

첫째, 기본사회는 **새로운 사회계약의 구체적 실현 방안**이다. 전통적 사회계약은 개인의 독립성과 자율성을 기초하여 체결되었지만 현대사회에서는 기술 변화, 인구 고령화, 불평등 증가 등 혼자서 해결할 수 없는 문제에 대응하기 위해 개인과 집단 간의 상호의존성이 더욱 중요해졌다. 기본사회는 호혜와 연대의 원리에 기반하여 사회구성원이 서로 돕고 협력하는 상호의존적 사회를 추구한다.

둘째, 기본사회는 대한민국 헌법이 보장하는 **모든 국민의 기본적 삶을 실현하기 위한 지침**이다. 인권과 시민권, 그리고 헌법에 명시된 행복추구권과 인간다운 생활을 할 권리, 교육권, 근로권, 환경권 등 모든 기본권을 실제로 보장하는 사회이며 국가는 이러한 기본권을 보장할 의무를 지닌다.

셋째, 기본사회는 시민이 자신의 삶에 영향을 미치는 중요한 결정에 **실질적으로 참여하는 공동체**이다. 지금과 같이 국가가 일방적으로 결정하고 설계하고 시민은 단순히 정책의 대상에 머무는 것이 아니라 시민들이 민주적 참여와 숙의를 통해 기본적 삶의 수준과 내용을 결정하는 사회이다.

넷째, 기본사회는 **인간과 자연, 경제와 사회, 현재와 미래의 공존과 조화를 도모**한다. 인간돌봄뿐 아니라 생태돌봄까지, 경제성장뿐 아니라 사회성장까지, 현재세대뿐 아니라 미래세대까지 중시한다. 이를 통해 사회경제적 역량을 강화하고 환경적 지속가능성을 확보한다.

다섯째, 기본사회는 **생애 전 주기에 걸쳐 소득, 서비스, 참여 기회가 끊김 없이 제공되는 사회**이다. 기본사회는 출생에서 노년기까지 각 생애주기별로 다양한 소득보장을 중단 없이 지원하고 보건의료, 주거, 교육, 돌봄, 교통 등의 필수적 사회서비스를 계층, 성별, 지역 등에 상관없이 보편적으로 제공한다.

여섯째, 기본사회는 **차이를 인정하고 차별에 반대하며, 다름을 포용하고 배제에 반대하는 사회**이다. 모든 국민에게 형식적, 절차적 공정이 아닌 실질적인 공정한 기회가 주어지고 패자에게 재도전의 기회가 열려 있는 사회이다. 공정한 기회와 경쟁을 위하여 국가는 기본적인 소득보장과 보편적인 돌봄, 그리고 교육기회를 보장된다.

일곱째, AI 시대, 기본사회는 **중단 없는 혁신으로 지속적으로 진화하는 사회**이다. 사회실험을 두려워하지 않으며 검증을 통해 점진적 발전을 추구한다. 모든 개인이 잠재적 역량을 기반으로 모험을 꿈꾸도록 후원하며 시장과 국가의 한계를 보완할 수 있는 사회적경제 조직들의 혁신적 활동을 적극 지원한다.

구체적인 기본사회의 가치와 원칙, 운영원리, 제도 등을 살펴본다면, 이러한 정의가 보다 잘 이해될 수 있을 것이다. 4장부터는 구체적인 내용들을 살펴봄으로써 기본사회에 한 발짝 더 가깝게 다가간다.

슬픔은 이제 안녕

: 기본사회의 원칙과 제도, 역할

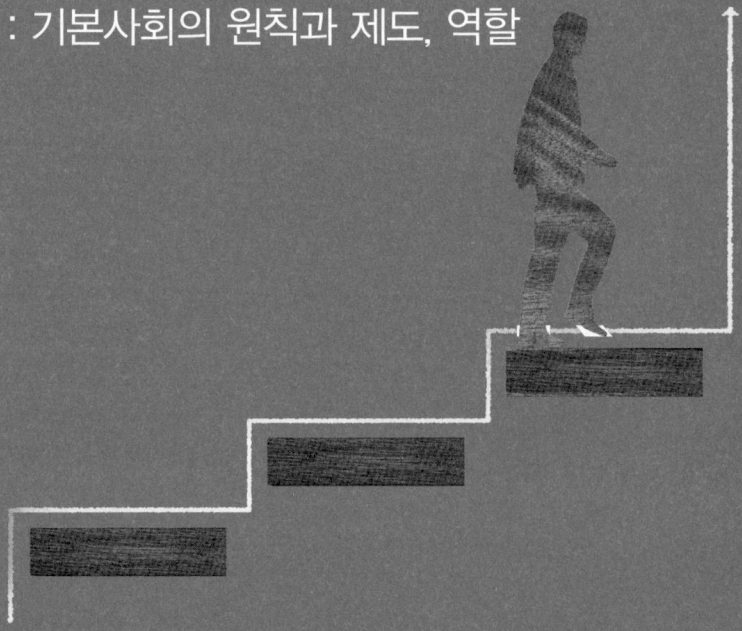

01

기본사회가 추구하는 핵심 가치

지금까지 우리는 기본사회의 근원과 헌법적 기초에 대해 살펴보았다. 기본사회는 대한민국 헌법정신에 기초하여 궁극적으로 '모든 국민에게 기본적 삶을 보장하는 사회'의 실현을 목표로 한다. 그렇기에 기본사회는 헌법에 충실한 구상이자 실천이다. 한편 기본사회에 대한 가장 큰 오해 중 하나는 기본사회를 단순히 기본소득운동이라거나, 퍼주기 정책, 혹은 복지정책이라고만 이해하는 것이다. 기본사회는 국가의 책임과 역할을 확대해, 1장에서 설명한 고장난 교정장치(복지)를 개선하고 모두에게 고른 기회와 참여를 제공하지만, 단순히 '더 많은 복지'라는 기존 복지국가의 논의를 넘는 사회 가치를 지향한다. 기본사회의 복지는 단순히 나눠 주기가 아닌, 실질적인 기회 균등과 지속 가능한 번영을 위한 수단이다. '기본적 삶'은 단지 빈곤에서 벗어나는 것이 아니라 사회, 경제, 문화, 정치 참여를 자유롭게 영위하며 살아가는 삶이다. 누구나 자신이 바라는 좋은 삶을 추구하도록 참여와 활동에 필요한 필수적인 요소를 보장하는 것이다. 아울러 개인뿐만 아니라 공동체와 사회 전체의 번영, 그리고 현세대뿐만 아니라 미래 세대에게도 기회를 제공하는 지속 가능한 사회를 지향한다. 이를 위해 기본사회는 '공정으로서의 정의', '민주주의', '역량 강화', '지속 가능성'을 핵심 가치로 삼는다.

공정으로서의 정의

기본사회가 추구하는 제1의 핵심 가치는 공정으로서의 정의이다. 자기 능력을 펼칠 공평한 기회를 모두에게 부여하고 땀 흘려 노력한 만큼 공정한 보상을 받도록 보장해야 한다는 기본 원칙에 반대할 사람은 아마도 없을 것이다. 앞서 2장과 3장에서 많은 지면을 들여 설명한 것 중 하나가 공정한 기회였다. 그런데 우리 사회는 거대한 생명체와 같아서 어느 한쪽으로만 치우쳐서는 안 되고 모든 분야가 적절히 조화를 이루어야 비로소 생명력을 유지하면서 계속 발전할 수 있다. 예를 들어, 모든 사람이 의사나 변호사를 원해서 모두가 의사나 변호사가 된 사회를 상상해 보자. 그 사회는 한순간도 지속될 수 없다. 의사나 변호사로서 살아가기 위해서는 음식을 먹어야 하고, 옷을 입어야 하고, 잠을 잘 수 있는 집이 있어야 하고, 생활을 위한 수많은 물품이 있어야 하고, 인간답게 살아가기 위한 각종 서비스를 제공받아야 한다. 이처럼 개인들이 모여 사회를 이루지만 각 개인이 원하는 바와 사회가 바람직하게 작동하는 방식 사이에는 큰 차이가 발생하기 때문에, 사회 차원에서 이를 조정하기 위한 공정한 원칙이 필요하다.

공정한 사회를 위한 가장 기본적인 원칙은 '절차적 공정성'이다. 개인들이 원하는 바가 (다른 사람들에게 피해를 주지 않더라도) 우리 사회에서 감당하기 어려운 수준이라면 당연히 제약이 뒤따른다. 제공되는 것보다 이를 원하는 사람이 많다면 서로 간의 경쟁은 불가피하다. 특히 개인들이 선호하는 일자리가 부족하다면 제한된 일자리를 둘러싼 경쟁이 발생한다. 그리고 그 일자리에 필요한 능력을 갖추기 위해 경쟁을 치른다. 이처럼 사회적 제약으로 인해 경쟁이 발생할 경우, 우리는 공정한 경쟁의 원칙을 적용해야 한다. 100m 육상 경기에서 선수들이 동일한 규칙에 따라 트랙을 달리게 하는 것과 마찬가지로, 다른 사람과의 경쟁에서 부당한 불이익을 받지 않도록 모두에게 동일하고 정당한 규칙을 적용해야 한다. 이것이 바로 '절차적 공정성'이다. 우리 사회에 만연한 부정부패를 뿌리 뽑아야 하는 주요 이유 중 하나도 바로 절차적 공정성을 지키기 위함이다.

그런데 기본사회의 핵심 가치로서 공정성은 단순한 절차적 공정성만을 의미하지는 않는다. 경쟁의 규칙이 잘 지켜지더라도 사람마다 출발선이 서로 다르다면 공정한 기회가 주어졌다고 보기 어렵다. 100m 육상 경기에 나서는 어떤 선수는 집안이 부유하여 체계적인 훈련을 받고 식단을 조절할 수 있지만, 다른 선수는 집안이 가난하여 혼자 훈련하면서 아르바이트로 생계를 유지해야 한다면, 두 선수는 과연 공정한 조건에서 경기를 치른다고 할 수 있을까? 이처럼 출발선은 경쟁을 치르는 경기장 안에만 있는 것이 아니라 경기장 밖에도 있다. 기본사회가 추구하는 공정성의 가치는 경기장 안에서뿐만 아니라 밖에서도 공정한 기회를 제공하는 '실질적 기회의 균등'을 의미한다. 다시 말해, 절차적 공정성은 모두에게 실질적 기회를 균등하게 보장하는 제도나 과정까지도 포함한다.

2장에서 이미 살펴본 바와 같이, 존 롤스는 공정성이란 존엄한 인간으로서 누구나 누려야 할 정치적 자유의 보장을 전제로, 실질적 기회의 균등을 보장하는 것이라고 말한다. 우리 사회에서 일반적으로 강조하는 공정성은 '기회의 공정성'과 '분배의 공정성'이다. 기회의 공정성은 모든 사람이 자신의 삶을 영위하는

데 동등한 기회를 얻어야 한다는 것이다. 그리고 분배의 공정성은 보상, 지위, 권력 등 사회자원의 분배가 각 개인의 실제 노력과 기여에 따라 공정하게 이루어져야 한다는 것이다. 우리 사회에서 어느 정도의 불평등은 불가피하더라도 각 개인의 노력이나 기여를 크게 넘어서는 과도한 불평등이 발생하지 않도록 적절한 분배를 이루어야 한다는 의미다.

현재 대한민국 사회에서 경제적 불평등이 커지고 개인들의 역량이 제대로 발휘되지 못해 사회적 비용이 증가하는 주요 이유는 기회와 분배가 불공정하기 때문이다. 기울어진 운동장에서는 열심히 노력하더라도 사회적 지위의 상승이 어렵고, 그만큼 노력할 동기가 약해진다. 아울러 사회안전망이 약한 사회에서는 자신이 원하는 삶을 살기 위한 도전도 쉽지 않다. 부유한 집안이 아니고서는 실패에 대한 두려움을 감당하기 어렵기 때문이다.

이러한 점에서 기회의 공정성과 분배의 공정성은 서로 긴밀히 연결되어 있다. 모두에게 실질적으로 공정한 기회가 주어지기 위해서는 기본적인 생활이 가능한 여건이 보장되어야 한다. 이는 사회적 자원 분배의 문제와 직접적으로 연결된다. 즉, 실질적인 기회의 공정성을 보장하기 위해 사전적인 분배와 사후적인 분배의 조정이 필요하다. 개인의 경제적 성과는 자신의 노력뿐만 아니라 운(luck)이나 사회적·역사적 산물(또는 사람들의 상호작용)로부터 영향을 받으므로, 그 일부분을 사회 구성원과 나눈다는 점에서 사회적 분배의 조정은 정당화될 수 있다.

민주주의

기본사회가 추구하는 두 번째 핵심 가치는 민주주의이다. 여기서 말하는 민주주의는 단순히 투표를 통해 대표자를 선출하는 절차적 민주주의를 넘어, 시민들이 자신의 삶에 영향을 미치는 중요한 결정에 실질적으로 참여하는 참여 민주주의를 의미한다. 기본사회에서 민주주의가 핵심 가치인 이유는 기본적 삶의 내용과 수준을 결정하는 것이 바로 시민들이기 때문이다. 다시 말해, 시민 삶의 터전인 사회를 보호하고, 더 좋은 삶의 질을 보장하며, 사회의 주요 형식과 내용을 만들고 공고하게 하는 과정에 시민들이 직접 참여하는 공동체가 바로 기본사회이다. 기본사회에서 시민은 더 이상 단지 정책의 대상이나 수혜자로 머물지 않고 정책결정과정에 적극 참여하고 숙의한다.

예를 들어 "어느 정도의 소득이 기본적인 삶을 위해 필요한가?", "어떤 서비스가 기본적으로 제공되어야 하는가?", "기본적인 주거의 수준은 어떠해야 하는가?" 등의 질문에 대한 답은 시대와 사회에 따라 달라질 수 있다. 기본사회에서는 이러한 결정이 전문가나 관료의 일방적인 판단이 아닌, 시민들의 민주적 토론과 합의를 통해 이루어져야 한다. 실제로 많은 지역에서 주민참여예산제나 주민자치회 등을 통해 지역에서 필요한 공공서비스의 내용을 결정하고 있다. 시민들이 직접 자신의 지역에 필요한 서비스가 무엇인지 토론하고, 우선순위를 정하며, 실행 방안을 모색하는 것이다. 이러한 과정에서 시민들은 단순한 수혜자가 아닌 적극적인 주체가 된다. 공공서비스의 공동생산(Co-production)은 제공자와 이용자가 함께 서비스를 설계하고 전달하는 과정에 참여하는 것을 의미한다.[59] 전통적으로 공공서비스는 전문가나 관료가 일방적으로 설계하고 제공하는 하향식이었지만, 기본사회는 시민들이 적극적으로 참여하는 상향식이라는 점에서 근본적인 차이가 있다.

민주주의는 또한 기본사회 정책의 지속가능성을 보장하는 핵심 기제이기도 하다. 시민들이 직접 참여하여 결정한 정책은 그만큼 실행력과 정당성이 높아지기 때문이다. 반대로 시민들의 참여 없이 위에서 일방적으로 결정된 정책은 저항에 부딪히거나 실패할 가능성이 높다. 특히 정책의 재원 마련을 위해 시민들의 조세 부담이 일정 부분 필요한 만큼, 이에 대한 사회적 합의가 중요하다. 이러한 합의는 시민들이 정책 결정 과정에 참여하고, 정책의 필요성과 효과를 직접 체감할 때 가능해진다. 예를 들어,

북유럽 국가들이 높은 조세 부담에도 불구하고 복지국가 체제를 유지할 수 있는 것은, 시민들이 정책 결정에 참여하고 그 혜택을 실감하기 때문이다.

나아가 민주주의는 기본사회가 추구하는 다른 가치들의 실현을 위해서도 필수적이다. 공정성이나 지속 가능성에 대한 판단 역시 시민들의 토론과 합의를 통해 이루어져야 하기 때문이다. 예를 들어 세대 간 정의나 환경 보호를 위해 현세대가 어느 정도의 부담을 져야 하는지는 민주적 토론을 통해 결정되어야 한다.

기본사회에서의 민주주의는 단순히 정치적 영역에만 국한되지 않는다. 일상생활의 모든 영역에서 시민들의 참여와 결정이 보장되어야 한다. 직장에서는 노동자 경영 참여가, 학교에서는 학생과 학부모의 참여가, 지역사회에서는 주민들의 자치가 활성화되어야 한다. 이를 통해 시민들은 자신의 삶에 대한 통제력을 회복하고, 진정한 의미의 자유를 실현할 수 있다. 결국 기본사회에서 민주주의는 단순한 정치제도가 아닌, 우리 사회의 작동 원리이자 시민들의 생활방식이다. 시민들이 자신의 삶과 공동체의 미래에 대해 함께 고민하고 결정하는 과정을 통해, 보다 나은 사회를 만들어 갈 수 있기 때문이다.

역량 강화

기본사회가 추구하는 세 번째 핵심 가치는 개인 역량과 사회 역량의 강화이다. 지식경제 사회에서 개인의 역량 강화는 사람들의 기본 욕구이자 좋은 직장에서 일할 실질적 기회를 가지기 위한 필수 요건이다. 개인 역량은 개인들이 성취할 수 있는 기능들의 조합이자 다양한 삶을 추구할 자유를 의미한다.[60] 여기서 기능은 생존적 위험으로부터 자유로워지는 것에서 사회참여에 이르기까지, 개인이 가치 있게 여기는 다양한 상태나 활동을 포함한다. 2장에서 소개했지만, 아마티야 센은 어떤 기본적인 일을 하고 높은 수준의 기능을 습득하는 데 기초가 되는 개인의 '기본 역량'을 강조한다. 그리고 정부의 정책은 '기본적 역량의 평등'에 중점을 두어야 한다고 주장한다.[61] 모두에게 기본 역량을 갖추도록 보장하고 역량을 키울 수 있는 토대를 제공하는 것은 스스로 자유로운 삶을 살아갈 기회를 열어 주는 것이다. 나아가 국가적 차원의 사회경제적 문제를 해결하고 시대적 도전을 돌파하기 위해 필수적인 인적자원의 축적으로 이어진다.

특히, 대한민국은 선진국의 기술을 단순히 모방하는 추격국가에서 벗어나 첨단기술을 이끄는 선도국가로 이행하는 단계에 들어서고 있다. 과거에는 주어진 문제를 잘 해결하는 기능적 능력이 필요했지만, 이제는 새로운 질문을 던지고 문제를 정의할 수 있는 창의적 능력을 요구하는 시대이다. 즉, 기술혁신을 주도할 창의적이고 도전적인 역량을 갖춘 인재를 대규모로 양성하는 것이 시대적 요구이다. 더욱이 기술혁신을 우리 사회 전반으로 확산하기 위해서는 '전 국민의 역량 강화'가 필수적이다.

그런데 혁신은 경제성장을 위한 기술혁신만 있는 것이 아니라, 사회·환경 문제를 해결하고 더 나은 삶의 사회적 여건을 만들어 가는 사회혁신도 포함한다. 기술혁신과 사회혁신이 서로 맞물리면서 우리 사회가 마주한 중대한 문제를 해결하고 위기와 도전을 돌파하는 선순환을 창출해야 한다. 이는 개인 역량만으로는 가능하지 않으며, 개인 역량이 모이고 섞이면서 집단 역량 또는 사회 역량으로 이어질 수 있을 때 가능하다. 집단 역량은 개인들의 역량을 단지 합한 것이 아니다. 집단 역량은 개인들이 집단행동에 참여하거나 자신이 가치 있는 삶을 달성하는 데 도움이 되는 사회적 네트워크에 소속됨으로써 새롭게 생성되는 역량이다.[62] 개인들의 역량이 상호작용을 통해 서로 발휘되고 섞이고 되먹임되면서 사회관계 속에 축적되는 역량이 바로 집단 역량이다. 그리고 이 과정에서 집단적 혁신 역량이 창출되고 기술혁신과 사회혁신은 촉진된다. 이는 다시 개인들의 역량 강화로 이어지고 기술혁신과 사회혁신을 경제·사회의 저변으로 확산시킨다.

이처럼 개인 역량과 사회 역량의 강화는 개인들이 바라는 좋은 삶을 살아가기 위한 필수 요소이자 디지털 전환, 생태·에너지 전환, 국제질서 전환이라는 대전환의 시대에 요구되는 중요한 시대적 가치이다.

지속 가능성

기본사회에서 또 하나의 시대적 가치는 지속 가능성이다. 전 세계를 공포로 몰아넣었던 코로나19 팬데믹의 발생은 우리 삶이 추구해야 할 궁극적 가치에 대한 성찰과 함께, 안전, 안정, 공생, 협력, 연대 등 지속 가능성과 관련한 가치를 새롭게 조명하는 계기를 제공했다. 지속 가능성은 '성장 중심 프레임'에서 벗어나 '안정 속에 포용적 발전'이라는 사회경제 패러다임으로 전환하기 위해 우리 사회가 추구해야 할 시대적 가치이다. 유엔(UN)의 '브룬틀랜드 보고서(Brundtland Report)'는 지속 가능한 발전이란 '미래세대의 능력을 제약하지 않고 현세대의 필요를 충족시키는 발전'이라고 정의한다.[63] 경제활동은 현재의 사회적 제약과 환경적 제약을 받을 뿐만 아니라 미래의 제약까지 고려해야 한다는 의미다.

일반적으로 지속 가능성은 생태적 관점, 사회적 관점, 경제적 관점 등 세 가지 측면을 포괄한다.[64] 먼저, 생태적 관점에서의 지속 가능성은 생태계의 지속적인 기능 유지와 종·생물의 다양성 보존을 의미한다. 다음으로, 사회적 관점에서의 지속 가능성은 인간으로서 개인의 기본적 필요를 지속적으로 충족하는 것을 의미하며, 문화의 다양성, 제도의 지속 가능성, 사회정의, 사회참여 등을 주요 고려 대상으로 삼는다. 마지막으로, 경제적 관점에서의 지속 가능성은 인간 발전을 고양하는 지속 가능한 경제적 활동을 의미하는 것으로, 빈곤 감소, 형평성 제고 등을 주요 목표로 제시한다. 이들 세 가지 지속 가능성은 우리 사회의 회복력(resilience)과 관련이 있으며, 서로 독립적인 것이 아니라 긴밀히 연계되어 서로에게 영향을 미친다.

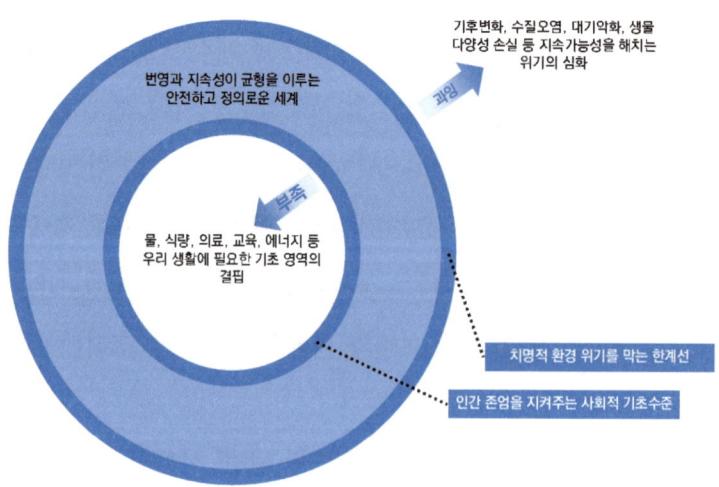

경제학자인 케이트 레이워스는 사회·경제·생태적으로 지속 가능한 영역을 도넛 모양으로 그려 낼 수 있다고 했다.[65] 도넛의 안쪽 고리는 물, 식량, 보건, 교육, 소득, 일자리, 주거, 평화, 평등 등 경제·사회적 기초의 영역으로, 지금 우리 사회에서는 이들 영역이 사회적으로 충분하게 공급되고 있지 않다. 특히, 경제적 불평등의 심화로 인해 사회계층 간 격차가 커지면서 사회적 지속 가능성과 경제적 지속 가능성을 가로막는 경향을 보인다. 반면, 무분별한 생산과 소비로 도넛의 바깥쪽을 넘어 버리면, 대기·수질 오염, 무분별한 토지개간, 생물 다양성 손실, 기후변화 등 생태적 한계를 넘게 된다. 통제되지 않은 생산과 소비로 인해 인류에게 허락된 한계를 넘어서면서 환경적 지속 가능성에 위협을 가하게 된다.

그동안 경제학은 생태계와 환경, 사회, 제도는 중요하게 고려하지 않았다. 사회와 환경으로부터 경제를 떼어 내어 경제학의 연구 대상으로 삼았다. 그러나 경제의 궁극적인 목적이 미래 세대를 포함한 모든 사람이 행복한 삶을 영위하도록 여건을 제공하는 데 있다면, 그 목적에 부합하는 올바른 경제적 비전과 목표를 제시해야 한다. 이를 위해서는 생태계, 그리고 사회제도와 지속적으로 상호작용하면서 진화하는 경제라는 인식이 필요하다. 현재 경제체제는 '과소'와 '과잉'이 공존하면서 인류를 위협하는 상황이다. 우리 경제체제가 '사회적 기초의 부족'과 '생태적 한계를 넘는 과잉'이라는 양극단으로 벗어나지 않아야 하고, '생태적으로 안전하면서도 사회적으로 정의로운 공간'에 놓이도록 해야 한다.

02

기본사회를 움직이는
실행 원리

기본사회는 수동적이던 시민을 넘어, 시민이 지속적으로 사회와 경제에 능동적으로 참여할 수 있는 토대를 구축하는 사회이다. 그래서 실행 원리도 기존의 복지국가에 비해 더 포괄적이고 근원적이다. 기본사회는 '기초경제의 우선성', '사회·경제·환경 간 균형', '지역 기반 공공서비스 공급', '실용주의와 실험주의', '집단적 제공과 정부의 적극적 역할', '민주적 거버넌스' 등의 실행 원리에 기반하여 작동한다. 이와 같은 기본사회의 원리는 다음에서 자세히 살펴볼 기본사회가 추구하는 사회경제적 효과를 최대치로 끌어올리기 위해 필수적인 요소이다.

기초경제의 우선성

기본사회는 기초경제의 우선성과 중요성을 강조한다.[66] 본래 '경제(economy)'라는 용어는 '가정'을 뜻하는 그리스어 'oikos'와 '다스린다'를 뜻하는 'nem-'의 합성어로, '가정관리' 또는 '살림살이'를 뜻한다.[67] 가정 또는 가구에 속한 개인들이 일상적 삶을 유지하고 살아가기 위해 필수적인 살림살이가 경제라는 용어의 가장 기본적인 의미이다.

가정은 일상적 삶의 유지와 노동의 사회적 재생산을 위한 기초단위이기 때문에, 현대사회에서도 가정의 살림살이는 그 중요성을 잃지 않고 있다. 오히려 경제적 불평등이 점점 커지고 인구가 계속 감소하는 우리 사회에서 일상적 삶의 유지와 노동의 사회적 재생산은 지속 가능한 경제를 위한 핵심 과제이다. 그렇기에 우리가 가정의 살림살이에 더 관심을 두어야 한다. 가정의 기본적인 살림살이와 관련한 경제가 바로 기초경제이다. 기초경제는 현대 일상생활에서 당연하게 필요한 돌봄, 주거, 통신, 식료품 등을 생산하고 분배하여 (소득이나 지위에 상관없이) 모두가 기본적 필요를 충족시키는 경제다.[68]

기본사회는 국민경제의 토대가 되는 기초경제의 강화에 최우선 순위를 둔다. 그리고, 기초경제 부문에 대한 국민의 접근성을 높여 모두의 안녕과 복지, 그리고 공정한 사회경제적 기회를 제공하는 것을 제1의 원칙으로 삼는다.

사회·경제·환경 간 균형

기본사회는 사회, 경제, 환경 사이의 조화로운 균형을 지향한다. 그동안 우리 경제는 경제성장률, 물가상승률, 실업률, 금리 등 경제적 수치를 중요시하고 다른 영역은 이들을 위한 하위 목표나 수단 정도로 취급하는 경향이 있었다. 그런데 경제는 그 자체로 목적이 아닐 뿐만 아니라, 사회와 동떨어진 세계가 아니라 사회적 관계 속에서 비로소 작동한다. 2024년 노벨경제학상을 수상한 대런 애스모글루는 가난한 나라와 부유한 나라로 나뉘는 근원을 경제·사회적 제도의 차이에서 찾고 있다.[69] 포용적 경제·사회제도가 잘 갖춰진 국가에서 경제적 성과가 상대적으로 크게 나타난다는 의미다.

또한, 경제는 생태환경과 천연자원의 제약에서 벗어나 있지 않다. 경제활동은 생산, 분배, 소비의 연속적인 순환 관계에 있으며, 이 과정에서 유한한 천연자원의 투입이 이루어지고 환경오염 등 생태환경이 영향을 받는다. 생태환경 문제는 이미 지구가 감당하기 어려운 수준에 도달해 있고, 천연자원도 고갈되기 시작했다. 전 인류가 직면한 환경문제는 생산방식의 대전환을 요구하고 있다. 이 문제에 대한민국이 어떻게 대응하는지가 가까운 미래에 우리의 발전 경로에 큰 영향을 미칠 것이다.

    기본사회는 사회, 경제, 환경이 하나의 세계에서 통합되고 중첩된 영역이라는 사실을 분명히 인식한다. 그리고 하나의 영역이 다른 영역에 종속되는 것이 아니라 서로 균형을 이루며 선순환하는 세계를 지향한다.

지역 기반 공공서비스 공급

    기본사회는 지역사회에 관심을 두고 지역을 중심으로 생각한다. 사람은 지역이라는 장소에서 살아가고 기본적으로 필요한 요소는 자신과 가까운 지역에서 형성된다. 그래서 지역은 사람들의 기본적 필요를 충족시키는 정책을 실행하기 위해 중요하게 고려해야 할 요소이다. 이는 사람이 살아가는 장소가 어디인지에 따라 삶의 양태와 필요가 다양하게 나타나기 때문이다.

    지역사회의 특성에 따라 일자리, 필수서비스, 사회인프라 등과 관련한 구체적인 정책의 기획이나 서비스를 전달하는 체계가 달라진다. 예를 들어, 서울시 등 대도시에 사는 사람들에게는 지하철이 매우 중요한 교통수단이지만, 지방 소도시에 사는 사람들에게는 버스가 중요한 교통수단이다. 또한 버스 운영 서비스도 대도시와 소도시가 다를 수밖에 없다. 지역의 상황을 고려하지 않은 채 공공서비스를 동일한 방식으로 제공한다면, 지역적 특성에 영향을 받는 사람들의 기본적 필요를 제대로 충족시키지 못할 수도 있다. 이는 공공서비스의 계획이 지역에서 민주적 의사결정 과정을 통해 구체화해야 한다는 의미다.

더욱이 기본사회는 지역사회가 지닌 다양한 자원이나 사회적경제를 최대한 활용하여 모두의 삶의 질 향상과 사회적 문제의 해결을 기본 방향으로 삼는다는 점에서, 지역에 기반한 정책 실행 체계를 구축하는 것이 중요하다. 지역 내 여러 시민조직, 중간조직 등과 협력할 때 정책의 효과가 최대화될 수 있다. 따라서 기본사회 정책은 중앙정부의 통합적 기획과 지방정부의 사업설계 및 실행체계가 서로 조화를 이루면서 실행되는 원리를 따른다.

실용주의 및 실험주의 접근

기본사회는 사회경제적 패러다임의 전환을 지향한다. 하지만, 급격한 전환과 변혁은 예상치 못한 문제, 그리고 다양성 훼손이나 상황 변화에 따른 대응력 약화 등 높은 사회적 비용을 초래할 우려가 있다. 또한, 기본사회를 위한 재정 확충이라는 국민적 합의의 과정도 필요하다. 이러한 현실적 문제를 고려하여 기본사회는 실용주의를 주요 원리로 삼는다. 실용주의는 다양한 실험, 점진적 자세와 긴밀한 관계에 있다. 실용주의는 기존의 제도를 비판적으로 계승하고 새로운 방안에 대한 실천적 검증을 중요시하기 때문이다.

기본사회의 실용주의 접근이 실효성 높은 정책으로 이어지기 위해서는 사회적 실험을 통해 증거를 확인하고 검증하는 방식이 유용하다. 즉, 상향식으로 진행한 정책실험의 통합, 정책 적용 범위의 확대, 제도화 등을 통해 사회 저변으로 서서히 스며드는 과정이 필요하다. 현실에서 잘 작동하는 기본사회 정책을 구현하기 위해서는 우선 소규모 지역에서 다양한 정책 유형의 실험을 통해 실행 가능성을 확인하고 그 성과를 평가해야 한다. 그리고 다양한 이해관계자가 참여하는 민주적 절차를 통해 궁극적으로 실행할 수 있는 유형을 선별하거나 발전시키는 방식으로 추진할 필요가 있다. 특히, 기본사회의 정책을 실행하기 위한 여건과 사회자원이 지역마다 서로 다르므로, 다양한 정책 기획과 실험을 통해 여러 성공 사례를 발굴하는 것이 중요하다. 이는 기업에서 새로 개발한 제품을 대규모로 생산하기 전에 작은 규모의 설비(데모플랜트)를 시범으로 운영하는 원리와 유사하다. 사회적 실험은 실패의 위험을 낮추고 사회의 수용성을 높일 수 있을 뿐만 아니라 혁신을 위한 공공지식의 축적과 공유를 위해서도 필수적인 과정이다.

이처럼 실용주의와 실험주의 원리에 기초한 기본사회 정책은 사회적 문제와 시대적 도전을 돌파하기 위한 사회경제 패러다임의 전환을 지속적으로 추구하되 점진적으로 추진함으로써 사회적 충격을 최소화할 수 있다. 그리고 기본사회 정책이 경제성장으로 이어지는 선순환을 창출하기 위해서는 개인·사회 역량 강화와 기술·사회 혁신이 요구되는데, 실용주의와 실험주의는 이를 위한 주요 원리로 작동한다.

집단적 책임과 정부의 적극적 역할

기본사회에서 필수적인 공공서비스는 집단적 책임이라는 원리에 근거해 제공된다. 이 원리는 평등성, 효율성, 연대성, 지속 가능성이라는 4대 가치를 구현한다.[70] 먼저, 모든 국민에게 필수서비스를 무상 또는 저렴하게 접근할 수 있게 하여 실질적 기회의 균등을 보장한다는 점에서 평등성을 실현한다. 그리고 공공서비스의 여러 분야는 집단적으로 제공할 때 규모의 경제가 발생하여 비용을 낮출 수 있으므로 효율적이다.[71] 지역단위에서 사회적경제, 시민조직과의 협력을 통해 공공서비스의 실행체계를 구축하는 것도 효율성을 높이는 데 기여한다. 또한, 국민 모두를 위한 공공서비스는 자원의 공유를 통해 개인적으로 해결하지 못하는 위험과 문제를 사회 전체가 함께 책임지는 집단적 정책이므로 사회연대를 강화할 수 있다. 나아가 친환경 방식을 적용한 공공서비스를 제공해 생태·환경적 지속 가능성도 높일 수 있다.

집단적 책임의 원리는 정부가 적극적인 역할을 해야 함을 의미한다. 국민이 자유로운 삶을 살아가기 위해서는 일상생활에 필요한 필수서비스에 대한 접근권을 보장해야 한다. 그런데 보건·의료, 돌봄, 교육 등 일상적인 서비스를 개인에게 맡겨 두면 모든 사람이 필요에 따라 접근할 수 없는 문제가 발생한다. 시장 기능과 자선사업만으로는 기본적 필요의 충족을 보장할 수 없다. 그렇기에 정부가 모든 사람에게 동등한 자격을 부여하고 기본적인 필요의 충족을 위한 서비스를 제공하는 것이 바람직하다. 그리고 공공성이 강한 서비스는 개인의 사회경제권 보장을 위한 필수 분야일 뿐 아니라 사회와 경제의 다른 부문에 긍정적인 영향을 크게 미치는 분야이기 때문에, 정부가 책임을 지고 제공하는 것이 합당하다. 또한 사회발전에 따라 공공서비스의 영역은 계속 확대되어야 한다. 그런데 어떤 서비스 분야는 민간 시장이 형성되기 어려우므로, 정부가 이를 제공하는 역할을 담당해야 한다.

민주적 거버넌스

거버넌스(Governance)란 공동의 목표를 달성하기 위해 다양한 이해관계자가 협력하여 특정 집단이나 조직을 운영하는 시스템이나 방식을 말한다. 사회적 거버넌스에는 정부와 기업, 비영리단체 등 다양한 조직이 참여하며, '민관협력' 같은 말을 쓰기도 한다. 기본사회의 민주적 거버넌스는 다층적이다. 다층적 거버넌스는 중앙정부, 지방정부, 시민사회, 민간 부문이 수평적으로 협력하여 정책을 기획하고 실행하는 체계를 의미한다. 기본사회는 이러한 다층적 거버넌스를 통해 정책의 실효성과 지속가능성을 확보할 수 있다.

구체적으로 기본사회의 거버넌스는 세 가지로 구분된다. 첫째, 중앙정부 차원에서는 기본사회의 큰 방향과 기준을 설정하고 재원을 배분하는 역할을 담당한다. 예를 들어 생애주기별 소득의 지급 기준이나 보편적 공공서비스의 국가적 최소 기준을 설정하고, 이를 위한 재정을 확보하여 배분한다. 둘째, 지방정부는 지역 특성에 맞는 구체적인 실행계획을 수립하고 집행한다. 공공서비스의 구체적인 전달체계를 구축하고, 지역사회 통합돌봄이나 기본 교통과 같은 서비스의 구체적인 형태를 지역 실정에 맞게 설계한다. 또한 지역 내 사회적경제 조직들과 협력체계를 구축하여 서비스 공급망을 형성한다. 셋째, 지역사회 차원에서는 주민자치회, 사회적경제 조직, 시민단체 등이 참여하는 협의체를 구성하여 실질적인 운영을 담당한다. 이들은 주민들의 필요를 파악하고 서비스 전달 과정을 모니터링하며, 지역사회의 자원을 효과적으로 연계하는 역할을 수행한다.

기본사회에서 참여 민주주의로 이해할 수 있는 공동생산은 특별한 의미를 갖는다. 시민들은 더 이상 단순한 서비스 수혜자가 아닌 생산자로서 역할을 수행하며, 자신의 삶에 영향을 미치는 의사결정 과정에 직접 참여해 민주적 권한을 행사하기 때문이다. 이 과정에서 다양한 이해관계자들이 협력적 의사결정을 하고, 상호 학습과 토론을 통해 합의를 도출하는 민주적 숙의 과정이 이루어진다. 이러한 공동생산은 민주주의의 질적 향상에 크게 기여한다. 형식적 민주주의를 넘어 실질적 참여 민주주의를 구현하고, 시민들의 민주적 역량을 강화하며, 공동체 의식과 사회적 신뢰를 향상시킨다. 또한 현장의 필요와 요구를 직접 반영할 수 있어 이용자 맞춤형 서비스 설계가 가능해지고 자원도 더욱 효율적으로 활용할 수 있게 된다. 공동생산은 민주주의 심화와 확장을 위한 핵심적인 전략이다.[72]

03

기본사회 구현을 위한
3대 제도적 축

'모든 국민에게 기본적 삶을 보장하는 사회'를 지향하는 기본사회의 실현을 위해서는 이를 구현할 제도적 틀이 필요하다. 기본사회는 '생애주기별 소득 보장', '보편적 기본서비스', '사회적 경제'를 제도적 축으로 삼는다. 이들 3대 축은 기본사회의 핵심 가치와 실행 원리가 작동하는 정책 영역이라고 할 수 있다.

생애주기별 소득보장

기본사회의 첫 번째 핵심 축은 생애주기별 소득보장이다. 다음 장에서도 다루겠지만, 생애주기별 소득보장은 개인의 일생에 걸쳐 기본적인 삶을 영위하는 데 필요한 소득을 보장하는 제도이다. 이는 단순히 특정 시기나 상황에서의 일시적 소득 지원이 아닌, 인생 각 시기의 필요와 위험에 대응하여 끊김이 없는 소득 보장을 제공하는 포괄적 체계를 의미한다. 소득의 부족은 개인의 더 높은 욕구를 충족할 기회를 막고 다양한 선택의 기회를 박탈한다. 따라서 생애주기별 소득 보장은 개인의 생애 동안 일정 소득을 제공하여 기본적 삶과 인간으로서 존엄성을 유지할 수 있도록 해주고 나아가 개인의 선택권을 넓혀 각자 자신의 역량을 강화할 수 있도록 해주는 제도다.

아동 시기에는 미래 사회를 이끌어 갈 인재로 성장할 기회를 공정하게 제공하기 위해, 현재 0~7세에게 지급하는 아동수당을 스스로 자립할 수 있는 나이(18세)에 도달할 때까지 확대할 필요가 있다.[73] 그리고 청년 시기에는 사회 진출에 필요한 다양한 역량을 강화하고 자신이 바라는 삶에 도전할 기회를 공정하게 제공하기 위해 사회적 유산이라고 할 수 있는 출발 자산(청년 자산)의 지급을 고려해야 한다. 또한 노후 시기에는 빈곤에서 벗어나 남은 삶을 안정적으로 보낼 수 있도록 충분한 노후소득을 보장해야 한다.

생애주기별 소득보장 외에, 참여소득은 기본사회의 주요한 소득보장제도로 고려해 볼 수 있다. 참여소득은 사회적 기여에 대한 보상이다. 공동체 구성원이 사회적으로 가치 있는 일을 수행하는 것을 조건으로 지급되는 소득이라 할 수 있다. 보편적 기본소득과 달리 참여소득은 '무조건적'이지 않고 '보편적'이지도 않다. 사회적 문제 해결, 공동체 강화, 지역 거버넌스 참여 등 우리 사회에서 필요하다고 인정되는 유용한 활동에 참여한 국민에게 일종의 '시민수당'을 지급하는 것이다. 농촌의 인구를 늘리고 지역 소멸을 완화하기 위해 농촌에 거주하는 주민에게 지급하는 농촌기본소득이 대표적 예시다. 작물을 키우는 일은 손이 많이 가고 어렵지만 우리 모두가 먹고 살기 위해 누군가는 해야 하는 일이고, 지역 소멸 역시 현재 국가적 문제임을 사회 대다수가 잘 알고 있다. 따라서 농촌에 수당을 지급하는 일은 사회적으로 가치 있는 일에 대한 보상이다. 그리고 모든 국민이 직·간접적으로 참여하여 생산한 공유지식, 공유데이터 등을 이용하여 창출한 수익이나 공동토지, 자연에너지 등 공동자산을 통해 창출한 수익을 모든 참여자에게 공유자산 배당으로 지급할 수도 있다. 이 밖에도 사회적 필요에 따라, 그리고 국가 재정여건에 따라 다양한 참여소득 정책을 기획할 수 있다. 대표적으로 돌봄과 같은 사회서비스 일자리와 공익적인 자원봉사 활동을 참여소득의 대상으로 지정할 수 있다.

 참여소득의 설득력 있는 장점은 '일정한 사회적 기여'를 요구한다는 점에서 우리 공동체를 서로 이롭게 만든다는 것이다.

또한 참여소득은 환경보호와 개선에 관한 자원봉사, 사회적경제의 활동을 보상해 생태적 지속가능성을 높이는 데에도 기여할 수 있는 방안이다. 따라서 참여소득은 환경적 또는 사회적 활동을 촉진해 생태적 전환을 가속화하는 생태전환소득(ETI)의 한 형태가 될 수 있다. 이러한 논의를 종합해 보면, 참여소득은 돌봄과 생태적 노동에 대한 보상과 재분배를 통해 사회적으로 가치 있는 다른 형태의 사회참여를 촉진한다는 점에서 기본사회의 취지에 부합한다.

보편적 기본서비스

기본사회의 두 번째 핵심 축은 '보편적 기본서비스(Universal Basic Service)'[74]이다. 보편적 기본서비스는 '모든 국민에게 일정 수준의 안전, 기회, 참여에 대한 접근 기회를 보장하여 더 나은 삶을 살 수 있도록 다양한 공공서비스를 무료 또는 저렴하게 제공하는 정책'이다.[75] 여기서 '기본'은 사람들에게 최소한이 아닌 개인의 번영과 사회참여를 위해 필요로 하는 필수적이고 충분한 수준을 보장한다는 의미다. 아울러 '서비스'는 단지 공공서비스뿐만 아니라, 공익에 이바지하기 위해 집단적으로 창출하는 활동까지 의미한다. 다시 말해, 기본서비스는 모든 사람이 자신의 기본적인 생존욕구를 넘어 사회참여 욕구를 충족시킬 수 있을 정도의 충분한 공공서비스 보장을 목표로 한다. 따라서 기본서비스는 전통적인 복지서비스의 개념과 연속선상에 있으나, 이를 뛰어넘어 모든 국민이 사회 구성원으로서 보편적인 삶을 누릴 기회에 대한 사회경제적 권리를 보장하는 시민권 개념에 기초한 새로운 패러다임이다.

앞에서도 말했지만, 기본서비스는 '공동의 필요'와 '집단적 책임'에 근거한다. 기본서비스는 공동의 필요를 충족시키기 위해 집단적 책임(자원 집결, 위험 공유, 공동투자 등)을 실행하는 정책적 틀이다. 그리고 사회권이 공동의 필요와 집단적 가치를 전제로 한 권리라고 할 때,[76] 기본서비스는 모두가 접근할 수 있는 공공서비스를 제공함으로써 사회권을 보장한다고 할 수 있다. 한편, 우리 사회가 공동으로 필요로 하고 국가가 제공을 책임지는 기본서비스의 분야는 현재 국민의 삶이 형성되어 온 역사적 맥락, 그리고 우리 사회의 문제, 위기, 도전과 관련한 사회경제적 맥락을 고려하여 민주적 절차에 따라 결정한다.

기본서비스는 사회서비스와 사회인프라로 구성된다. 기본사회에서 사회서비스는 일상적 생계유지를 위해 필요한 필수서비스로서, 돌봄, 의료, 주거, 교육, 교통, 에너지, 금융, 문화 등 가장 기본적인 요소를 포함한다. 필수서비스는 국가 차원의 네트워크 전달체계를 통해 각 지역에서 공급되는 특성이 있다. 따라서 공공부문이 직접 공급하든 공공-민간 협력을 통해 공급하든 상관없이 집단적 방식으로 필수서비스를 제공하는 것이 중요하다. 집단적 방식은 필수서비스의 안정적 공급, 규모의 경제를 통한 비용 저감, 적정 수준의 가격(이윤) 유지 등 사회적 효율성을 높일 수 있기 때문이다. 또한, 시장에 필수서비스의 제공을 맡기게 되면 수익이 별로 나지 않는 분야나 소규모 지방과 같이 수요가 많지 않은 곳에 사는 사람들은 필수서비스를 제공받지 못할 우려가 있다. 따라서 보편적이고 포괄적인 필수서비스의 안정적인 제공을 위해서는 지역 지점과 전국적 네트워크에 대해 국가의 규제와 투자를 통한 공공성의 강화가 요구된다. 기본서비스의 두 번째 요소인 사회인프라는 사람들의 사회참여 욕구 충족에 필요한 시설이다. 사회인프라는 사람들이 의미 있는 관계를 구축하기 위해 함께 모이는 편의시설과 공간이자 사회자본의 발전 여부를 결정하는 중요한 물리적 조건이다.[77] 사회인프라는 다시 공원, 도서관, 문화센터, 커뮤니티센터 등 물리적 기반시설과 시민사회 활동을 지원하기 위한 체계 등 무형적 기반시설로 구분할 수 있다. 일반 사람들이 자아실현, 사교, 커뮤니티 등의 필요욕구를 충족하고, 창의적 활동과 사회참여를 촉진하기 위해서는 사회인프라를 지역단위로 균등하게 구축하고 편리한 접근성을 보장하는 것이 무엇보다 중요하다. 사회인프라는 국민의 참여를 통해 정치, 경제, 사회를 지탱하고 작동시키는 필수 기반을 제공하므로, 민주적 과정을 통해 사회경제적 성과를 높이는 데도 기여할 수 있다. 특히, 사회인프라는 개인들의 사회화, 신체적 활동, 창의적 표현을 지속시켜 개인의 정신적, 신체적 건강에 직접적으로 영향을 미친다. 그리고 강건한 사회인프라는 우리 사회의 민주주의를 발전시킬 뿐 아니라, 사회적 역량의 강화를 촉진하고 사회자본의 축적을 통해 경제성장에도 기여한다. 또한, 사회인프라는 도시 재생을 통한 공간적 가치, 혁신과 고용 증대를 통한 경제적 가치, 지역사회 통합을 통한 사회적 가치, 정체성과 정치 참여를 통한 시민적 가치의 창출을 위한 기반을 제공한다. 모든 개인은 자신이 속한 공간에서 피어나는 삶을 살아갈 수 있으므로, 기본사회에서는 지역적 특성과 여건을 고려하여 사회인프라를 설계한다.

사회적경제

기본사회의 세 번째 핵심 축은 기본사회를 지역에 단단히 뿌리내리게 하는 '사회적경제'이다. 사회적경제는 사적 이익을 추구하는 시장경제와 달리 사람의 가치를 중심에 두고 시민들의 참여와 협력을 통해 사회적 가치를 창출하는 경제활동이다. 사회적경제는 민주적 의사결정, 취약계층 포용, 협력과 연대를 통해 시장실패와 정부실패를 보완하는 역할을 한다. 먼저, 사회적경제는 구성원의 자발적인 참여를 토대로 '1원 1표'라는 시장원리가 아닌 '1인 1표'의 민주적 의사결정을 통해 운영된다. 그리고 장애인, 노인, 경력단절 여성 등 우리 사회의 취약계층에게 일자리를 제공하고 경제적 성과를 구성원들이 최대한 공유하는 원리를 적용한다. 또한, 구성원들 간에 경쟁이나 배제가 아닌 상호 협력을 통해 사회적 문제를 해결하는 방안을 찾아내어 실행하는 연대의 가치를 중요시한다. 이처럼 사회적경제가 추구하는 사회적 가치와 운영원리는 수익이 나지 않아 충분히 공급되지 않거나 환경 오염 등 비용을 치르지 않아 과도하게 공급되는 시장실패의 문제를 보완할 수 있으며, 공공부문의 하향식 사회서비스 제공에 따른 비효율을 제거하여 효과적으로 사회서비스를 제공하도록 돕는다.

　사회적경제 조직은 사회적기업, 협동조합, 소셜벤처, 마을공동체, 봉사·자선단체 등의 조직을 포괄한다. 이들 사회적경제 조직은 기본사회의 중간 전달체계로서 중요한 역할을 담당한다. 특히, 기본서비스는 지역 특성을 고려해야 하고 지역 내 다양한 자원의 참여가 중요한데, 지역사회에 뿌리를 둔 사회적경제

조직은 이를 가능하게 하는 조정과 실행의 기능을 수행할 수 있다. 예를 들어, 의료·보건, 문화 등 여러 분야에서 실제 복지 사각지대의 문제가 발생하는데, 사회적경제 조직은 중앙정부의 정책과 보조를 맞추면서 지역 네트워크를 활용하여 이러한 문제를 해결할 수 있을 뿐 아니라 새로운 복지 수요를 찾아내고 공공정책 변화에 유연하게 대응할 수 있는 장점이 있다. 또한, 소셜벤처(social venture)는 사회적 문제를 해결하기 위해 혁신적 기술과 새로운 비즈니스 모델을 활용하는 기업으로서, 지역사회의 혁신을 촉진하고 도전하는 청년들에게 좋은 일자리를 제공할 수 있다. 이처럼 사회적경제는 기본사회의 지역 기반 체계를 구축하기 위한 핵심적인 구성요소이자, 사회자본 축적과 지역 역량 강화를 통한 균형발전의 토대를 제공한다. 사회적경제는 기본사회의 주요 목표인 지역사회와 지역경제의 회복력을 강화하기 위한 핵심 영역이다.[78]

이상에서 살펴본 기본사회의 세 가지 핵심 축은 하나의 축이 다른 축을 대체하는 관계가 아니라 상호 보완하는 관계에 있다. 질적으로 차이가 크지 않은 기본적 필요는 보편적 기본서비스의 집단적 제공을 통해 충족시키고, 선택의 폭이 넓은 기본적 필요는 생애주기별 소득보장을 통해 자유로운 선택권을 보장함으로써 충속시킬 필요가 있다.[79] 그리고 기본적 필요를 충족하기 위한 공공서비스의 제공은 공공부문과 민간부문이 협력하여 제공하는 것이 효과적인 경우가 많으므로, 사회적경제는 보편적 기본서비스를 제공하는 전달체계(중간조직)로서 중요한 기능을 수행한다. 따라서 생애주기별 소득보장, 보편적 기본서비스, 사회적경제가 서로 균형과 조화를 이룰 때, 기본사회가 추구하는 가치와 목표를 온전히 실현할 수 있다.

04

기본사회가 만드는 세상

　　기본사회는 경제적 기회균등, 경제성장 촉진, 경기 안정화, 소득분배 개선, 일자리 창출, 지역 균형발전, 사회자본 축적, 기후 위기 대응 등 우리 사회 전반에 걸쳐 긍정적인 영향을 미친다. 그리고 기본사회는 사람들의 기본 욕구 충족을 통한 모두의 기본적 삶을 보장할 뿐만 아니라 시대적 문제와 도전에 대응하여 포괄적이면서도 강력한 기능적 임무를 수행할 수 있다. 기본사회는 한국형 복지국가 모델이자 근로자, 취약계층, 자영업자, 중소기업, 대기업 모두를 위한 새로운 경제 패러다임의 토대이다. 기본사회는 그 자체로 한국형 뉴딜(New Deal) 정책으로, 사회적 연대의 강화를 위해 대한민국이 가야 하는 길이다.

기본사회는 경제성장을 이끈다

경제성장은 그 자체로 목적이 아니고 모든 국민이 행복한 삶을 살기 위해 필요한 수단으로서 진정한 의미가 있다. 그러나 수단 없이는 목적을 달성할 수 없듯이, 경제성장 없이는 시대의 변화에 따라 확장하는 개인의 기본적 필요를 충족하기 어렵고 번영하는 개인의 삶을 보장하기도 힘들다. 더욱이 글로벌 산업 경쟁이 격화하는 상황에서 혁신을 통한 경제성장은 선택이라기보다 필수라고 봐야 한다.

기본사회는 경제성장과 대립하는 관계에 있지 않고 경제성장을 추동하는 전제조건이자 토대를 제공한다. 기본사회는 수요 측면과 공급 측면에서 경제성장을 높이는 데 기여할 수 있다. 먼저, 수요 측면에서 기본사회는 가계 부문(가정경제)의 소비 여력을 증가시키며, 공공투자를 늘리고 고용을 증가시켜 국민경제의 총수요를 증대시킬 수 있다. 첫 번째로 가계 부문의 소비 여력에 대해 살펴보자. 가계 부문의 소비 수준은 소득 수준에 따라 달라지는데, 저소득계층과 고소득계층은 소득에서 차지하는 소비의 비중(평균소비성향)이 크게 다르다. 일반적으로 저소득계층은 소득에서 차지하는 소비의 비중이 고소득계층에 비해 월등히 높다. 이는 저소득계층의 소득에서 차지하는 '필수적으로 지출해야 하는 생계비' 비중이 높기 때문이다. 기본사회는 생애주기별 소득보장과 기본서비스를 통해 개인의 기본적 필요 충족을 보장하는 사회이므로, 저소득계층은 생계비의 부담이 실질적으로 줄어든다. 이렇게 줄어든 생계비만큼 지출을 늘릴 수 있는 여력이 추가로 생긴다. 이처럼 가계 부문의 소비지출 여력의 확대는 국민경제의 총수요를 늘리고, 기업들의 매출 증가로 이어져 투자가 증가하고 경제성장을 높이는 데 기여한다.

두 번째로 기본사회에서는 공공서비스와 공공인프라 확충을 위해 대규모 공공투자가 필요하고, 이는 국민경제의 총수요를 증가시키고 사회적 효율성을 높이는 역할을 한다. 1930년대 대공황 시기에 미국의 뉴딜(New Deal)정책이나 1960년대 말 한국의 경부고속도로 건설 등이 그 사례다. 지금 시대에는 '에너지 고속도로', '공공데이터센터', '15분 도시' 조성 등 디지털 전환과 에너지·생태 전환을 성공적으로 이루기 위해 대규모 공공투자가 필요하다. 정부는 이러한 투자의 선도자로 큰 규모의 국가 과제를 관리, 조정하고 산업의 혁신을 촉진해야 한다.[80] 이처럼 기본사회에서 소비와 투자의 증가는 경제 전체의 일자리 증가로 이어져 가계 소득을 높이는 선순환을 창출할 수 있다.

다음으로, 공급 측면에서 기본사회는 개인과 사회의 역량 강화를 위한 조건과 환경을 제공하여 우수한 인적자원의 양성과 경제 전반에 걸친 혁신을 촉진할 수 있다. 천연자원이 부족한 한국은 과거에도 그렇듯이 현재와 미래에도 인적자원이 성장의 핵심 동력일 수밖에 없다. 이미 지식경제 사회로 전환하고 있는 시대에 개인의 역량 강화는 사람들의 기본적 필요이자 좋은 직장에서 일할 실질적 기회를 가지기 위한 필수 요건으로 인식된다. 특히, 과거 추격국가에서 미래 선도국가로 전환하기 위해서는 혁신역량을 갖춘 인적자원을 대규모로 양성하는 것이 무엇보다 중요한 과제다. 기본사회는 개인들이 기본 욕구를 충족시킴으로써 역량을 축적할 수 있는 조건을 제공한다. 사회경제적 안전망이 구축된 기본사회에서 개인들은 자신이 필요로 하는 역량을 확충할 수 있는 물질적, 시간적 여유를 갖는다. 더 나아가 기본사회는 평생직업교육, 지식 공유자원 등을 기본서비스로 공급하여 개인들의 역량 강화에 직접적인 도움을 줄 수 있다.[81] 또한 기본사회는 개인들이 서로 관계를 맺으면서 새로운 가치를 창출하는 유형·무형의 공유공간 등을 제공하여 개인 역량이 사회 역량으로 전환할 수 있는 기반을 얼마든지 기획할 수 있다. 개인의 역량들이 사회적 상호작용을 통해 집단적 혁신역량을 창출함으로써 기술혁신과 사회혁신이 경제와 사회 전반으로 확산할 수 있다. 이처럼 기본사회는 모두에게 기본적 삶을 살아갈 권리를 보장하는 데 그치지 않으며, 국가적 차원의 사회경제적 문제를 해결하고 시대적 도전을 돌파하기 위해 필수적인 혁신역량의 강화에 기여한다. 그리고 이렇게 축적된 혁신역량은 궁극적으로 지속 가능한 경제성장을 위한 핵심 동력이 된다.

기본사회 정책은 경제 불안을 완화할 수 있는 경기 안정화에도 큰 효과가 기대된다. 특히, 기본서비스와 기본인프라는 경기변동에 따라 그 반대 방향으로 수요를 발생시켜 경기를 안정화하는 기능을 내재하고 있다. 즉, 경기가 침체나 둔화하는 시기에는 기본서비스에 대한 수요가 증가하고 경기가 호황인 시기에는 기본서비스에 대한 수요가 감소하여 자동 경기조정 장치의 역할을 한다. 이는 경기변동과 반대 방향으로 공공서비스 일자리가 변화하도록 만들어 고용 안정에도 기여한다. 그리고 경기침체나 경기둔화 시기에 기본인프라 투자를 대폭 늘리는 재정정책도 기본사회 강화와 경기부양을 동시에 달성하는 방안이다.

기본사회는 불평등을 완화한다

1장에서도 살펴보았지만, 우리 사회에서 심각한 문제 중 하나는 소득·자산 불평등과 격차의 확대이다. 소득·자산 불평등은 교육 불평등과 경제활동 기회의 불평등으로 이어지고, 이는 다시 소득·자산 불평등을 심화시키면서 악순환의 구조를 만들고 있다. 기본사회는 복지 사각지대 문제의 해소와 함께 저소득층의 실질 소득을 증가시키고 노동시장 참여와 노동 생산성을 높여 사회적 불평등을 완화할 수 있다.

한국의 복지제도는 의무교육과 같이 모두에게 보편적으로 적용하는 정책도 있으나 대부분 경우에는 소득이나 자산 수준이 일정 기준 이하인 빈곤계층에게 복지 수급 자격을 부여한다. 복지 수급자가 되기 위해서는 소득과 자산 수준을 증명해야 하기 때문에, '사후적인 소득재분배'의 성격을 갖는다. 반면, 기본사회는 소득이나 자산 수준에 상관없이 모두가 기본적 필요를 충족할 보편적 권리를 갖는다는 점에서 '사전적인 사회자원 분배'의 성격을 갖는다. 따라서 기본사회는 사회활동이나 경제활동에 참여하기 위한 기본적 토대를 누구에게나 제공하여 '실질적 기회균등' 또는 '실질적 기회의 공정성'을 보장하는 사회라고 할 수 있다. 다시 말해, 기본사회에서 모든 국민은 경제생활에 참여하며 경제적 목표를 실현하는 데 동등한 기회를 부여받고, 역량의 강화를 도모하기 위한 전제조건을 제공한다.

나아가 기본사회는 소득분배를 개선하여 실질적 기회균등을 강화한다. 기본사회의 핵심 축인 생애주기별 소득보장은 이를 수급하는 모든 개인의 소득을 동등하게 증가시키는데, 소득이 낮은 계층일수록 소득 증가의 효과가 실질적으로나 체감적으로 크게 나타나 소득불평등을 완화한다. 그리고 기본사회의 다른 핵심 축인 기본서비스는 기본적 필요를 충족하는 데 사용하는 가계의 실제 지출을 줄어들게 하므로, 가계의 처분가능소득이 증가하는 것과 같은 효과가 있다.[82] 특히, 저소득층일수록 기본서비스를 이용하는 빈도가 높아서 보이지 않는 소득분배의 효과가 크게 발생한다. 이처럼 기본서비스 역시 소득분배를 개선하는 역할을 한다.

아울러 기본사회에서 개인의 역량 강화는 노동 생산성을 향상시켜 임금 상승으로 이어질 수 있다. 또한, 기본사회에서 누구나 접근할 수 있는 다양한 교육·훈련 지원이나 평생(직업)교육은 근로자의 상향 이동을 촉진한다. 이와 같은 근로자의 임금 상승도 소득 불평등 완화에 기여할 것이다.

다른 한편으로, 주로 일하는 가족 구성원 외에 추가로 일하는 가족이 있는 가구와 그렇지 않은 가구 사이에는 소득수준에 차이가 발생하는데, 돌봄서비스, 대중교통 인프라 확대 등 기본사회 정책으로 인해 저소득층과 중산층 가구원의 경제활동 참여가 촉진되면 소득 불평등은 더욱 축소될 수 있다. 특히, 여성의 경제활동 참여가 증가하면 경력 단절의 문제가 완화되어 성별 소득 격차도 줄이는 길을 확대한다.

기본사회는 일자리를 창출한다

지금 우리는 한편으로 인공지능 등 4차 산업혁명으로 인해 노동수요(일자리)가 감소하는 문제에 직면해 있고, 다른 한편으로 저출생으로 인해 노동공급(경제활동인구)이 줄어들어 미래 경제성장률이 계속 하락할 위기에 처해 있다. 이러한 상황에서 기본사회는 직접적으로 고용을 늘릴 뿐만 아니라 개인 역량과 사회 역량의 축적을 위한 여건을 제공하여 민간기업이 고용을 촉진하는 데 기여할 수 있다.

우선 기본사회를 실현하기 위한 사회투자는 대규모 일자리를 만들어 고용을 늘린다. 기본사회에서 사람들의 기본적 필요 충족을 위해 제공하는 기본서비스와 기본인프라는 노동집약적 분야로서 많은 일자리를 만들어 낸다. 예를 들어, 돌봄서비스 분야는 향후 10년간 100만 개 이상의 신규 일자리가 생겨날 것으로 예상되는 핵심적인 고용창출 영역이다.[83] 보건·의료, 평생교육 등 다른 기본서비스 분야에서도 많은 일자리가 창출될 수 있다. 그리고 도서관, 문화·여가·커뮤니티센터, 공원 등 사회인프라를 구축하고 운영하는 데도 많은 인력이 필요하고 새로운 일자리를 만들 수 있다. 또한 불안전한 고용으로 어려움을 겪는 청년들에게는 일과 학습을 연계한 기본일자리를[84] 제공할 수도 있다. 실질적 실업 상태에 있는 청년들은 기본일자리의 경험을 살려 민간 부문의 일자리로 원활히 이행할 기회를 가진다.

더욱이 기본사회는 민간 부문의 좋은 일자리를 창출하는 데도 도움이 된다. 모두의 기본적 삶이 보장되는 사회는 창의성을 갖춘 개인들이 새로운 도전을 시도할 기초를 제공한다. 즉, 강한 사회안전망은 새로운 도전에 실패한 사람들을 보호하고 실패의 경험을 토대로 재도전할 수 있는 발판이 된다. 기본사회에서 창의적 인재의 도전은 스타트업과 벤처창업을 활성화하여 좋은 일자리를 창출할 가능성을 높인다. 따라서 인공지능, 자동화 등으로 인해 많은 일자리가 위협을 받는 상황에서, 기본사회는 사회서비스와 사회인프라 확대를 통해 새로운 사회적 가치를 창출하고 일자리를 지키는 정책 패러다임이라고 할 수 있다.

다음으로 노동공급의 측면에서도 기본사회는 긍정적인 역할을 담당한다. 기본사회는 사람들의 노동시장 진입과 노동 전환을 돕고 여성의 경력 단절 문제를 해소하여 노동공급을 늘리는 데 도움을 준다. 기본사회에서 모두에게 보장되는 사회안전망은 개인들이 자신이 원하는 다양한 기능을 습득할 여유를 제공하고, 이는 노동시장에서 요구하는 역량을 갖출 수 있는 전제조건이다. 기본사회에서 개인이 역량을 강화하는 만큼 노동시장 진입이 수월해지며, 역량을 갖춘 유능한 인재가 많아질수록 기업들은 고용을 늘릴 유인이 발생한다. 더구나 디지털 전환과 에너지·생태 전환의 시대에, 기본사회는 모두가 접근할 수 있는 다양한 평생직업교육을 기본서비스로 제공함으로써 환경 변화에 따른 직무 적응이나 일자리 전환을 준비할 수 있는 기반을 제공한다. 아울러 돌봄, 의료 등 기본서비스의 확대는 여성과 중고령층의 경제활동 참가를 높이는 데 기여한다. 기본사회는 여성들의 돌봄과 가사의 부담으로 인한 경력단절의 문제를 해소하고 경제활동에 지속적으로 참여할 수 있는 여건을 마련해 준다.[85] 또한 중고령자에게는 평생직업교육 등 재숙련할 기회를 제공하여 생산성을 높이게 하고 건강·의료서비스의 확대를 통해 건강을 유지하게 함으로써 은퇴시기를 연장하도록 할 수 있다. 인구감소가 지속하는 상황에서 여성과 고령층의 경제활동 참여가 늘어나면 생산가능인구가 증가하는 것과 유사한 효과가 있다. 기본사회는 경제활동인구의 감소에 대응하는 최선의 방책이며, 국가 차원에서 노동공급을 증가시켜 장기적으로 경제성장에 기여할 수 있다.

다른 한편으로, 기본사회는 보편적 사회안전망을 구축한 사회이며, 이는 효율적인 경제구조로 재편하기 위한 산업구조조정을 지원하는 효과가 있다. 산업구조조정은 그 과정에서 사회적 갈등과 대규모 실업을 발생시킨다. 특히, 디지털 전환과 에너지·생태 전환은 산업구조와 노동구조의 변화를 유발하기 때문에, 이에 대한 적극적인 대응이 필요하다. 기본사회에서 제공하는 사회안전망은 산업구조조정의 영향권에 있는 사람들에게 생계를 유지하고 재도약할 기회를 제공하여 사회경제적 충격을 완화하는 역할을 담당할 수 있다. 더구나 글로벌 경쟁환경이 빠르게 변화하는 현실에서 기업들은 유연한 대응이 필요한데, 이는 노동시장의 유연성을 불가피하게 만드는 요인이기도 하다. 기본사회의 보편적 사회안전망은 노동시장의 유연성이 어느 정도 확대되더라도 이에 따른 고용불안의 문제를 상당한 수준으로 완화시킬 수 있다. 이처럼 기본사회는 경제·산업 환경 변화에 효과적으로 대응하고 사회적 조정 능력을 높이는 데 기여한다.

기본사회는 균형발전을 이룬다

한국 사회는 수도권과 비수도권 간 경제적 격차가 점점 커지고 인구의 수도권 집중화도 심화하고 있다. 수도권-비수도권 불균형이 심각한 수준에 이른 주요 이유는 산업구조의 변화(서비스업 고도화)에 따라 좋은 일자리가 수도권에 집중되어 있을 뿐만 아니라 교육, 의료, 문화 등 삶의 질에 크게 영향을 미치는 서비스에 대한 접근성이 수도권에 밀집되어 있기 때문이다. 이러한 수도권-비수도권 격차로 인해 지역에 살던 사람들이 수도권으로 이동하면서, 많은 농촌지역은 인구가 재생산되지 않아 소멸 위기에 놓여 있다.

그동안 모든 정부는 균형발전을 최우선 과제 중 하나로 제시하고 세종시 건설 및 정부 부처 이전, 주요 공기업·공공기관의 지방 이전, 지역 특화 전략산업 육성 전략 등 수많은 정책을 추진했다. 그러나 지역 소멸 문제는 오히려 더 심각해지는 실정이다. 이제는 지역 주민의 삶의 질을 높일 수 있는 토대에 좀 더 관심을 두는 방향으로 균형발전의 패러다임을 변화시켜야 한다. 공기업·공공기관의 지방 이전, 지방으로의 기업 유치를 위한 유인책 등 지역의 물리적 기반을 갖추는 정책은 당연히 확대되어야 하지만, 이들 정책의 효과가 지역 전반으로 확산할 수 있는 토대가 구축되어 있을 때, 비로소 지역 균형발전의 선순환이 창출된다.

기본사회는 우리 경제의 위기를 심화시키는 지역 간 사회경제적 불균등과 지방 소멸의 위협을 해결하기 위한 토대를 제공하고 지역경제 활성화에 기여한다. 기본사회는 개인의 기본적 필요를 '지역 단위'에서 충족시키는 원리를 추구한다. 기본사회는 누구에게나 필요에 따라 보편적 정책을 활용할 수 있도록 보장하되, 정책의 세부 계획과 전달체계는 지역 또는 공동체의 특성을 고려하여 기획한다. 그동안 추진해 왔던 하향식 지역 균형발전 정책과 달리, 기본사회 정책은 실제 지역에 살고 있는 주민들의 필요에 따라 기획하고 도입할 수 있기 때문에[86], 지역 주민의 삶을 실질적으로 개선하는 데 도움을 준다. 그리고 지역 내 사회적기업이나 중소기업·소상공인과의 협력을 통해 기본서비스나 기본인프라를 제공함으로써 지역 일자리를 창출하고 지역경제 활성화에 기여할 수 있다. 실제 몇몇 지자체에서 현재 시행하고 있는 농민·농촌기본소득, 재생에너지 배당 등 기본사회 정책은 지역 주민의 소득을 증가시키고 사람들의 지역 유입을 늘리는 효과가 나타났다.

기본사회의 토대를 강건하게 구축하면, 지역에서의 생활 여건이 개선되고 지역경제 네트워크가 확대될 수 있다. 그리고 기본사회의 실험주의에 기초하여 지역의 사회혁신을 위한 다양한 시도를 도모할 수 있어 지역사회의 역량도 함께 강화될 것이다. 기본사회는 지역주민의 참여를 통해 삶의 터전을 변화시키는 동력이다. 이와 같은 기본사회의 토대 위에 여러 균형발전 정책이 더해질 때, 진정한 의미에서 지속 가능한 균형발전을 이룰 수 있다.

기본사회는 지속 가능성을 높인다

　기본사회는 사회자본 축적과 사회연대를 강화하여 사회경제적 지속 가능성을 높이고, 기후변화 위기에 대한 적극적 대응으로 에너지·환경의 지속 가능성에 기여할 수 있다. 먼저, 기본사회는 모두의 삶 개선을 지향하고 집단·공동체 원리를 핵심에 두고 있으므로, 사회자본 형성을 돕고 공동체 의식을 고양한다. 공동의 필요에 따른 기본서비스와 기본인프라의 집단적 제공, 사회적경제 부문과의 협력, 시민들의 의사결정 참여 등 기본사회의 운영 원리는 사회적 연대·협력 형성과 지역공동체 발전을 위한 기본 토대이다. 이처럼 기본사회를 통한 사회자본 축적과 사회연대 강화는 다양한 정보의 공유, 지역사회의 단체·자원봉사 활동, 가족·친구·이웃 간 교류, 기업 간 협력적 생산, 노－사 관계 안정, 정치 참여 활성화 등을 통해 개인 역량과 사회 역량을 강화하고 경제성장에 긍정적인 영향을 미친다. 아울러 경제적 충격이 발생할 때 우리 경제의 회복력을 강화하는 데도 기여한다.

　그리고 기본사회는 기후변화 위기에 대응한 에너지·생태 전환의 성공 가능성을 높일 수 있다. 이는 소득 불평등이 낮고 사회연대 의식이 강할수록 단기적 성과를 거두는 경제성장에 갇히

기보다는 미래세대까지 내다보는 지속 가능한 경제발전에 더 많은 사회적 관심을 갖기 때문이다.[87] 더구나 기본사회는 '탄소배출 제로'를 목표로 하는 에너지 전환에 직접 영향을 미치는 정책을 채택한다. 예를 들어, 기본에너지는 공동생산-공동분배의 원리를 적용하여 화석에너지에서 태양광, 풍력 등 재생에너지로의 전환을 촉진하고, 동시에 가구소득도 증대시킬 수 있도록 기획할 수 있다. 또한, 기본사회 정책을 시행하는 과정에서 재생에너지, 친환경 식품, 친환경 자재 등을 사용하도록 의무화하는 규정을 명시함으로써 기본적 필요 충족과 탄소배출 감소를 동시에 달성할 수 있다. 이처럼 기본사회는 환경을 훼손하며 시장가치만을 생각하는 기존 생산방식을 배제하고, 현세대와 미래세대 사이에 발생할 수 있는 삶의 불균형을 제거하기 위해 최대한 노력하는 사회이다. 즉, 기본사회는 재생에너지를 사용하는 친환경 조달, 친환경 공공서비스, 탄소배출 저감 생활방식으로의 전환 등 기후변화 위기 대응에 적합한 사회이다.

더욱이 기본사회는 사회·경제·정치적 상황에 따라 유연하게 운영됨으로써 정부 재정의 지속 가능성과도 균형을 맞출 수 있다. 기본사회 정책은 사회적 합의에 기초하여 필요의 우선순위에 따라 순차적으로 확대할 수 있으므로, 지속 가능한 재정의 범위 내에서 속도를 조절할 여지가 있다. 특히, 기본서비스는 기존 조세제도와 인프라의 전면적인 개편 없이도 현행 공공서비스 전달체계와 제도 내에서 새로운 서비스를 도입하거나 기존 서비스의 확대를 통해 제공할 수 있다. 기본사회 정책에 대한 정부 지출은 경제 상황과 반대로 움직이는 경향이 있으므로, 정부의 재정지출이 무한히 늘어날 것이라는 우려는 기우에 불과하다. 오히려 기본사회에서는 저소득층뿐 아니라 중산층도 정책의 혜택을 크게 받기 때문에, 조세에 대한 저항을 낮춰 재정 안정성을 위한 조세 기반을 마련할 수 있다.

마지막으로, 기본사회 정책은 대한민국의 최대 난제 중 하나인 저출생 문제를 완화하여 지속 가능한 사회에 기여할 수 있다. 지금 대한민국은 역피라미드형 인구구조가 더 악화하는 중이며, 저출생으로 인해 미래세대가 떠안을 노인 부양에 대한 부담이 점차 커지는 상황이다. 초저출생 문제는 많은 사회경제적 요인이 복합적으로 작용하여 발생한 결과이지만, 국민이 체감하는 삶의 질 저하, 그리고 현재에 대한 불안과 미래에 대한 불확실성이 주요 원인으로 작용한다. 기본사회는 기본적 필요의 충족, 사회안전망, 기회균등, 사회참여를 시민의 권리로 보장하는 사회이며, 이러한 권리가 확대될수록 삶의 질이 개선되고 현재의 불안과 미래의 불확실성을 제거할 수 있다. 현세대의 생계 걱정, 불안, 불확실성이 줄어들수록 아이 부양에 대한 부담감이 낮아지고 출산에 따른 행복에 대한 기대는 커질 것이다. 부모가 행복하면 아이도 행복할 가능성이 크기 때문이다.

지금까지 논의한 기본사회를 실현하기 위한 가치, 가치의 구현을 위한 운영 원리(원칙), 이러한 원칙 위에 구체적으로 기본사회를 움직이는 제도들, 이를 통해 기대할 수 있는 기본사회의 긍정적 영향을 그려 보면 다음 페이지의 그림과 같다. 독자 여러분이 찬찬히 살피며 기본사회의 모습과 기대되는 미래를 음미해 주길 바란다.

공정으로서의 정의 :
모두에게 동일한 기회와
같은 여건의 경쟁을 보장

심화된 민주주의 :
국민주권원리에 따라
정책수립 참여와 실행

역량 강화 :
개인과 사회의 역량 강화를
통한 실질적 자유의 달성

지속가능성 :
세대와 세대를 잇는
지속적 번영

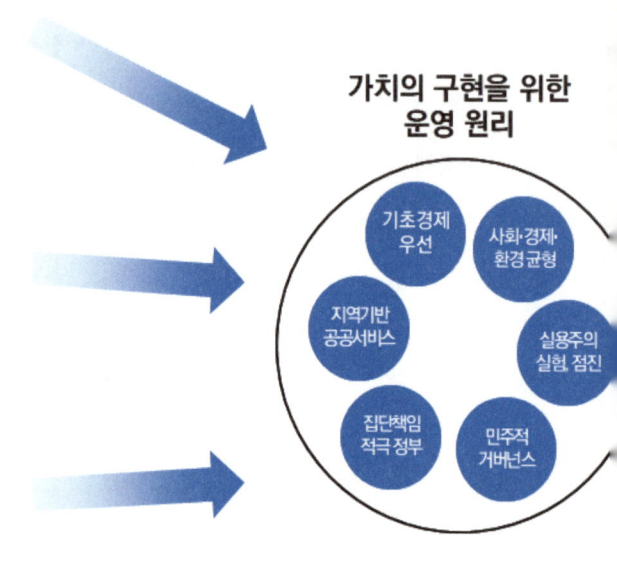

가치의 구현을 위한
운영 원리

- 기초경제 우선
- 사회·경제·환경균형
- 지역기반 공공서비스
- 실용주의 실험 점진
- 집단책임 적극 정부
- 민주적 거버넌스

05

기본사회의
'21세기 대한민국 권리장전'

대한민국의 사회복지 예산이 전체 경제 규모보다 빠르게 증가하는데도 국민이 체감하는 삶의 질과 행복도가 크게 개선되지 못하는 현재 상황을 들여다보면, 사회복지의 양적 확대는 우리 사회의 궁극적인 목표를 달성하는 충분조건이 아니다. 더구나 복지국가는 우리가 추구해야 할 지상명령 중 하나이지만, 복지국가 자체가 우리 사회의 복잡한 문제를 자동으로 해결해 주지는 않는다. 경제성장의 질이 문제인 것과 마찬가지로 복지국가의 질적 내용도 중요하다. 우리 사회는 기본적 필요 충족을 위한 복지의 강화가 필요할 뿐만 아니라, 기후변화 위기 대응, 사회적 기초의 확대를 위한 성장, 가계소득 증대를 위한 좋은 일자리 창출 등을 실현해야 한다. 우리가 지향하는 복지국가는 지속 가능한 복지국가여야 하며, 위기와 난관을 돌파할 수 있는 경제적 토대를 갖춘 복지국가여야 한다.

　기본사회는 모두의 삶을 개선하면서 동시에 우리 사회의 문제를 해결하고 시대적 도전을 돌파하는 새로운 사회경제 패러다임을 위한 토대이다. 기능화된 인간의 모습에서 벗어나 모두가 자유롭고 행복한 삶을 추구할 기회를 가지기 위해서는 전제조건이 필요하다. 이는 국민의 기본적 삶을 사회경제적 권리로 보장하는 것이다. 권리로 보장한다는 것은 그 대상에 얽매이지 않고 자유로워진다는 의미이며, 자기 발전에 좀 더 집중할 수 있게 한다는 의미다. 그런데 우리가 추구하는 기본사회는 여기서 한 발짝 더 나아간다. 기본사회의 실현 방향은 실질적 국민의 삶 개선(개인의 욕구 충족)과 시대적 위기·과제의 해결(사회적 필요 충족)이라는 복합적 목적을 달성하기 위한 기반을 제공하는 것이다. 기본사회 정책은 개인의 기본적 삶뿐만 아니라 사회적 필요(사회적 문제 해결과 시대적 전환)를 안정적으로 충족시킬 수 있는 유연성을 갖추고 있다. 예를 들어, 기본사회 정책의 핵심 축이라고 할 수 있는 기본서비스는 사회적으로 필요한 공공서비스를 정부가 직접 제공하거나 공공-민간 협력을 통해 충분히 제공할 수 있으며, 복합적 정책 목적에 맞게 설계가 가능하다.

　이제 대한민국은 '국민의, 국민에 의한, 국민을 위한 성장'을 지향해야 한다. 모든 국민 역량의 성장이어야 하며, 모든 국민의 참여에 의한 성장이어야 하고, 모든 국민과 미래세대의 행복한 삶을 위한 성장이어야 한다. 기본사회는 모든 국민의 역량이 성장할 수 있는 토대를 제공하고, 개인 역량이 사회 역량으로 집결하여 기술혁신과 사회혁신을 추동하도록 경제·사회참여의 기반을 마련하며, 모두가 경제 성과를 나누고 행복한 삶을 살아갈 수 있는 지속 가능한 제도로 설계될 수 있다.

지속 가능한 공정경제의 강건한 토대를 제공하는 기본사회는 대한민국의 미래를 어떻게 바꾸는가? 빈약한 자연 자원의 한계를 뛰어넘는 혁신 인적자원이 풍부한 사회, 역량 강화의 기반을 개인이 아닌 국가가 책임지고 개인 역량을 사회 역량으로 모아 내는 사회, 모두에게 실질적 기회의 제공을 통해 공정한 경쟁을 보장하고 재도전을 위한 사회안전망이 굳건한 사회, 경제 성과가 모든 세대의 행복한 삶에 고르게 퍼지는 선순환하는 사회, 생태를 지키면서 인간과 자연이 공생하는 사회, 혁신의 사회적 기반을 제공하는 '강한 정부'가 존재하는 사회가 바로 다가올 우리 미래의 모습이다.

기본사회가 대한민국에 굳건히 뿌리내리기 위해서는 새로운 사회계약이 필요하다. 대한민국의 위상은 기본사회라는 새로운 패러다임을 실현할 수 있을 만큼 이미 성숙해 있다. 기본사회로의 전환은 무엇보다 모든 국민이 온전히 누려야 할 사회경제권을 명확히 규정하고 선포하는 것에서부터 시작한다. 우리의 시대적 상황을 반영하여, 기본사회를 위한 '21세기 대한민국의 10대 권리장전'을 제안하면 다음과 같다.

괜찮은 일자리에 대한 권리
사회적 돌봄서비스에 대한 권리
양질의 보건·의료서비스를 받을 권리
원하는 교육을 받을 권리
적정한 주거에 대한 권리
불안 없이 은퇴할 수 있는 권리
정당한 금융서비스를 받을 권리
깨끗한 환경에서 생활할 권리
공동자산의 성과를 공유할 권리
권리의 결정에 참여할 권리

이들은 모든 국민의 공통된 기본 욕구로서 사회경제적 기본권으로 보장해야 하는 필수 항목이다. 이와 같은 사회경제적 기본권의 토대 위에 모든 국민이 사회참여를 통해 자신의 삶을 펼치는 데 필요한 다양한 기회를 제공할 수 있다. 또한 개인의 기회가 우리 사회 전체의 기회로 발전할 수 있는 제도적 기반도 기본사회의 중요한 구성요소이다. 즉, 기본사회는 사회경제적 기본권의 보장을 위한 정책과 함께 개인 역량을 강화하고 이것이 집단·사회 역량으로 모일 수 있는 정책을 포괄한다. 예를 들어, 모든 국민이 언제나 어디서나 접근할 수 있는 공유지식(knowledge commons)의 구축[88], 새로운 기술(기능)을 언제든 습득할 수 있는 개방형 평생기술교육체계, 지역 주민들이 모이고 섞이고 배우고 나눌 수 있는 공간(개방형 도서관)과 프로그램 등을 기본사회 정책으로 기획할 수 있다. 그리고 기본사회 정책에 대한 지역주민들의 접근성을 높이는 방향으로 생활 공간구조를 변화시킬 필요도 있다.

1970년대 산업화 이후 대한민국은 여러 차례의 위기를 맞았으며, 이 순간에도 윤석열정부의 계엄 사태로 인해 우리 사회와 경제는 큰 어려움에 봉착해 있다. 국제질서가 요동치는 위중한 상황에서 또 한 번 경제위기에 빠지지 않을지 온 국민이 불안해한다. 그러나 우리 사회의 가장 큰 장점은 '강한 회복력'이다. 이번 계엄 사태에 대해 외신들은 한국의 '민주주의 회복력'에 다시 한번 놀라고 있다. IMF 외환위기, 글로벌 금융위기, 코로나19 팬데믹 위기 시기에도 한국은 세계에서 가장 빠른 회복력을 보여 주었다. 그런데 이처럼 놀라운 회복력은 일반 국민의 헌신을 통해 이루어 낸 것이다. 하지만 국민의 헌신에도 불구하고, 오히려 우리 사회의 계층 간 격차는 더 벌어지고 말았다.

    이제는 위기 상황에서 더 이상 국민에게 헌신을 강요해서는 안 된다. 오히려 정부가 회복의 기초를 제공하고, 사회 전체를 위한 국민의 헌신에 대해 정당하게 보상하는 제도적 토대를 굳건히 구축해야 한다. 사회를 위해 국민이 헌신하는 것이 아닌, 국가가 국민을 위해 헌신해야 한다. 기본사회는 사회경제적 권리에 기반한 강한 회복력의 근간이자 모두의 좋은 삶을 위한 굳건한 안전망이다.

특별한 기적은 아닌

: 기본사회의 정책과 사례

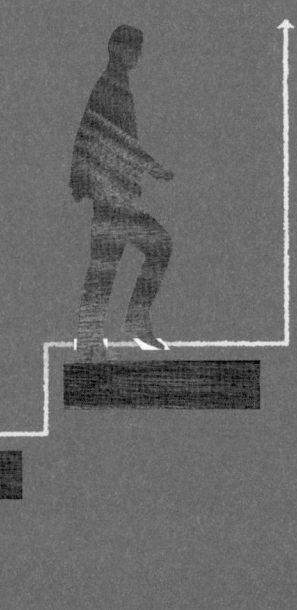

01

기본적 삶의 보장을 위한 구체적 정책들

지금까지 대한민국의 새로운 정관인 기본사회가 무엇인지, 그 철학적, 헌법적 기초는 무엇인지, 가치와 주요 운영원리, 제도, 성장과의 관계 등을 살펴보았다. 간략히 얘기하면, 기본사회는 모든 국민이 기본적인 삶을 살 수 있게 하는 사회인데, 이를 위해 모든 기본권을 가능한 한 최대한 보장하는 사회다. 기본권은 하나의 권리가 아니다. 여러 권리의 집합체이며, 우리 헌법은 이러한 권리를 조목조목 명시한 주주(국민)와 경영진(정부) 간의 계약서이다.

이렇듯 모든 기본권을 충실히 보장하려면 국가와 모든 사회 구성원이 서로 도우며 살아가는 자세가 중요한데, 앞에서는 이러한 호혜와 연대가 인간 사회의 발전 과정에서 자연스러운 기결임을 설명했다. 한 번으로 끝나는 일회성 게임이면 상대방을 속이거나 자신만의 단기적 이익을 극대화하는 전략이 유리하지만, 반복적 게임이라면 상대의 이익을 존중하는 것이 내가 배신당하지 않기 위해서도 현명한 선택이다. 이는 굳이 게임이론을 통해서가 아니라도, 우리가 사회생활을 하며 체감하고 있다. 매일 만나는 학교 친구, 거래처 사장님과 돈독한 관계를 유지하며 서로 돕는 것은 도덕적으로 응당 그러해야 하기 때문만이 아니라, 실제로 그것이 나에게도 이익이 되는 행위이기 때문이다.

이어서 기본사회가 보장해야 하는 기본권의 범위, 즉 헌법이라는 계약서의 항목을 살펴보았다. 그간 우리 사회는 개인의 자유권적 기본권과 경제적 기본권 등을 충실히 보장했지만, 상대적으로 사회권적 기본권, 즉 인간답게 생활하고 일하며 교육받을 권리, 깨끗한 환경에서 건강하게 살 권리 등은 충분히 보장하지 못했다. 이러한 이유로 결과적으로 행복하게 살 수 있는 권리마저 잘 지켜지지 못했다. 그래서 기본사회는 국가가 이러한 국민과의 사회적 계약을 충실히 이행할 것을 선언하고, 계약의 성실한 수행을 위해 정부의 모든 역량을 동원하며 민간 기업, 시민사회와 협력해 나가는 방법을 모색하는 것이다. 다르게 표현하면, 21세기 한국의 새로운 권리 장전이라고 할 수도 있겠다.

이러한 얘기만 들으면 기본사회는 경제에 무관심하고, 정치와 분배, 복지에만 신경 쓴다고 생각할지 모르지만 그렇지 않다. 기본사회는 퍼주기나 단순한 복지에 그치는 것이 아니라, 새로운 사회경제전략이다. 그래서 4장에서는 기본사회라는 목표를 달성하기 위한 가치와 주요 원리, 운영 원칙, 제도적 축, 기본사회의 효과를 얘기했다.

여기까지의 논의는 기본사회의 개념이나 원칙, 관점, 혹은 이론에 대한 이야기였다. 약간은 추상적일 수 있다. 그래서 이 장에서는 기본적인 삶의 보장을 구체적으로 어떻게 할 수 있는지, 기본사회가 어떠한 정책과 제도로 움직이는지를 다루어 보고자 한다. 앞서 기본사회의 제도적 축으로 생애소득보장, 기본서비스, 사회적경제를 얘기했는데, 여기서는 우리 소득보장과 서비스의 문제가 무엇인지, 이를 해결하기 위한 구체적 정책 사례가 무엇이 있는지 등을 살펴본다. 앞 장에서 설명한 제도와 겹치는 부분이 있어 약간 지루함을 느낄 독자도 있을지 모르지만, 여기서는 4장에서 설명한 것보다 좀 더 상세하게, 구체적 사례를 들어 설명한다.

02

우리
소득보장제도의 문제

　우리 사회에서 인간다운 생활, 아니 적어도 최소한의 생활이라도 보장되려면 최소한의 소득이 보장되어야 한다. 잠시 우리 경제 시스템을 말하는 자본주의(Capitalism)라는 용어를 생각해 보자. 자본주의는 자본의 흐름이 경제 전체의 흐름을 주도하는 경제체제이다. 이러한 사회에서는 자신의 노동력도 자본이기 때문에, 자신의 노동력을 팔아서(취업을 하든 자영업을 하든) 임금이나 소득을 얻고, 받은 임금으로 상품과 서비스를 구매해 생활해야 한다.
　바꿔 말하면 자본주의에서는 다치거나 장애가 있어서, 혹은 은퇴해서 노동력이 없거나, 노동력을 팔아도 가치가 높지 않으면 인간적인 생활을 하는 데 지장이 발생한다. 1장에서도 설명했듯 이를 방지하기 위해 사회보험이나 공공부조제도가 발달했다. 모든 걸 시장에 맡기면 해결할 수 없는 문제를 사회가 보험과 부조의 형태로 해결하는 것이다. 두레나 품앗이가 사회적으로 확대된 형태라고 이해할 수 있다.

현재 우리 사회는 소득이 낮은 사람을 위한 국민기초생활보장제도나 다친 사람을 위한 상병수당, 장애인을 위한 장애연금, 노인을 위한 기초연금과 국민연금 등이 이러한 소득 부족의 문제를 해결하기 위한 제도로 운영되고 있다. 이러한 제도들을 소득을 보장하는 제도라는 의미에서 소득보장제도라고 한다. 일자리를 잃거나 자녀를 돌보아야 해서 일시적으로 노동력을 잃은 경우를 위해 실업수당, 아동수당(혹은 육아수당)도 운영 중이다. 이렇게 제도를 갖추어 놓은 외형만 보면 우리 사회도 나름 구색을 잘 갖추어 놓은 듯 보인다.

하지만 속 빈 강정이라 해야 할지, 사실 우리 소득보장제도는 여러 문제점이 있다. 여러 학자가 우리 제도의 문제를 지적했지만, 여기서는 딱 두 가지만 짚고 넘어가겠다. 넓은 사각지대와 충분하지 못한 보장 수준이다. 이외에도 제도가 복잡하다거나 여러 다른 문제도 있지만, 여기서 우리 소득보장제도의 문제를 일일이 토론할 수는 없으니 가장 큰 문제로 보이는 것만 생각해 보자. 사각지대는 소득보장제도가 필요하지만 적용되지 않아 혜택을 보지 못하는 문제이고, 보장 수준은 제도 내에 있지만 지원되는 수준이 충분하지 않아 발생하는 문제이다.

먼저 사각지대를 얘기해 보자. 사각지대는 규칙이나 제도가 건드리지 못하는 부분, 허점을 비유한다. 소득보장제도도 마찬가지로 제도가 포괄하지 못하는 영역을 말할 때 사각지대라는 표현을 쓴다. 예를 들어 고용보험은 일자리를 잃어 소득이 없을 때를 대비해, 매월 월급에서 공제해 두었다가 실업급여를 지원한다. 실업급여 외에 재취업을 지원하기 위한 사업도 있지만, 하여튼 실업급여가 실업의 핵심 소득보장제도다. 그런데 예전에는 고용보험이 정규직과 대기업을 중심으로 운영되다 보니 중소기업이나 영세업체 노동자, 자영업자는 일자리를 잃었을 때 실업급여 혜택을 받기 어려웠다. 특히 배달부와 같이 배달 애플리케이션 개발 회사에 소속되어 있진 않지만 중개를 받아 일을 하는 특수고용근로자나 프리랜서가 늘어나는 것도 고용보험 사각지대를 넓혔다. 문재인 정부에서 전국민고용보험을 추진하며 점차 예술인, 특수고용근로자 등 이전보다 고용보험의 적용 범위를 넓혔지만 여전히 많은 사람이 가입되어 있지 않다.

일반적인 빈곤과 노후를 대비하는 제도인 국민기초생활보장제도나 국민연금도 비슷한 문제가 있다. 국민연금도 고용보험과 비슷하게, 제도가 만들어질 때에는 대기업, 정규직 임금근로

자만이 대상이었다. 그러다 보니 비정규직, 자영업자는 가입이 어려웠는데, 점차 적용 대상을 넓혔고 국민연금 가입이 어려운 경우에는 내야 하는 보험료를 일부 지원해 주는, 모두가(두루) 누리라는 의미에서 두루누리라는 사업도 하며 가입을 독려했다. 그래서 최근에는 비정규직, 자영업자의 가입률도 이전보다는 높아졌지만 여전히 가입 대상 중 35% 정도는 가입이 되어 있지 않다.

다음으로 불충분한 보장 수준에 대해 얘기해 보자. 기초생활보장제도의 경우, 혜택을 보기 위해 급여를 신청하면 신청자 소득을 평가해 일정 수준 이하여야 지원이 이루어진다. 예전에는 급여 수준이 매우 낮았는데, 지금으로부터 10년 전인 2015년에는 중위소득의 28% 미만이어야 지원 대상이 되었다. 중위소득은 사람들을 소득순으로 일렬로 세웠을 때 중간에 있는 값을 말한다. 예를 들어 소득이 가장 적은 사람이 1만 원이고 그다음 사람이 2만 원, 그다음은 3만원, … 가장 많은 사람이 100만 원으로 100명이 서 있으면 중위소득은 50만 원이다. 중위소득의 28%면 50만 원의 28%를 의미하니까 14만 원 미만이어야 지원 대상이 된다. 국제적으로 빈곤 가구를 설정하는 빈곤선 기준이 중위소득의 50% 이하로 위의 예시로는 25만 원인데, 이에 한참 못 미친다. 중위소득의 28%면 우리나라 소득분포를 고려할 때

대략 전체 가구의 약 3~5% 정도다. 일반적인 빈곤 예방보다 극빈(extreme poverty)을 겨우 막는 수준이다.

현재는 중위소득의 32% 미만까지 지급 기준을 끌어올렸지만, 여전히 일반적인 빈곤을 막는 데는 불충분하다.[89] 2025년을 기준으로 생각해 보자. 중위소득은 가구원 수를 고려해 다르게 책정한다. 아무래도 가족이 많으면 돈을 버는 사람도 많고, 쓰는 사람도 많아 기준이 달라지기 때문이다. 2025년 중위소득은 4인 가족 기준으로 610만 원 정도다. 자녀가 두 명이고 부모님이 맞벌이를 하면 부모님이 각각 300만 원씩 벌거나, 아버지가 조금 더 벌고 어머니가 아이를 돌보며 부업을 하면 얼추 가정의 월수입이 그 정도 된다. 중위소득의 절반이면 약 300만 원, 32%면 195만 원 정도다. 4명이 200만 원이 안 되는 돈으로 살아야 기초생활보장제도의 지원을 받을 수 있다. 실질적 빈곤 해소에 무리가 있다.

흔히 우리가 차상위 계층이라 하는 경우, 즉 극단적으로 빈곤한 것은 아니지만 빈곤한 계층을 지원하는 데에도 어려움이 있다. 만약 4인 가구 소득이 196만 원으로 산정되면? 지원받을 수 없다. 그럼 기준이 196만 원이 되면 해결되는가? 198만 원이나 200만 원인 가구도 빈곤한데 해결될 수 없다. 사실 이래서 타깃을 정하는 구빈사업은 차상위계층을 해결하기 어려운 한계가 있다. 이러한 경우를 위해 근로 능력이 있다면 자활사업이라는, 일을 함으로써 빈곤에서 벗어나게끔 하는 사업도 있지만 여전히 지원이 제한적인 것이 사실이다.

심지어 예전에는 부양의무자라는 기준도 있어서, 내가 아무리 가난해도 만약 나를 돌볼 수 있는 사람, 예를 들어 형제자매, 자녀나 며느리, 사위 등이 있으면 지원을 받을 수 없었다. 부양의무자 제도가 있던 이유는 '비록 가난하지만 부양할 사람이 있으니 일차적으로는 가족이 부양하고, 부양할 가족이 없으면 국가가 책임지겠다'라는 것이다. 이는 빈곤 예방의 책임을 국가가 지는 것이 아닌 가족에게 떠넘기는 것이다. 게다가 실질적으로는 부양의무를 다하지 않는데, 서류상으로만 가족이 있는 경우가 적지 않아 문제가 되었다. 다행히 부양의무자제도는 2015년부터 단계적으로, 현재는 대부분 폐지되었다.[90]

기초생활보장제도를 비롯한 구빈사업이 한계가 있다는 건 빈곤율을 비교해 보면 알 수 있다. 예전보다 낮아지고는 있지만, 우리 빈곤율은 여전히 OECD 평균보다 높다. 게다가 OECD 평균에는 우리가 대체로 선진국이라고 생각하지 않는 국가도 일부 포함되어 있다. 코스타리카는 빈곤율이 20% 내외이니 이러한 국가들이 평균을 올린다. 이탈리아나 스페인같이 우리처럼 경제위기를 겪는 남유럽 국가도 빈곤율이 높다. 우리가 선진국이라 생각하는 프랑스나 독일, 노르웨이, 스웨덴 같은 국가는 빈곤율이 10%를 넘지 않는다.[91] 그런데 이렇게 높은 빈곤율에도 불구하고 기초생활보장제도 수급률은, 과거보다 높아지긴 했지만, 여전히 5%를 넘지 않는데 이는 기초생활보장제도가 일반적인 빈곤 해소에 한계가 있음을 보여 준다.

참으로 안타까운 것은, 우리나라에서 가장 큰 빈곤 문제는 노인 빈곤이라는 점이다. 노인만을 따로 모아 빈곤율 통계를 내면 OECD 평균은 14.2% 정도인데, 한국은 2023년 기준 40.4%다.[92] 무려 노인 10명 중 4명이 빈곤하다! 아까도 언급했지만, OECD에는 여러 국가가 있고, 빈곤율이 낮은 노르웨이, 덴마크, 프랑스 같은 나라는 노인 빈곤율이 3~4% 정도다. 우리와 10배 차이다. 이러한 나라들은 오히려 근로 연령대보다 노인 빈곤율이 더 낮다. 왜? 이러한 나라들은 노후소득보장제도를 잘 닦아 놓아서, 젊을 때 일하고 나이 들어 은퇴했을 때 젊어서 저축해 둔 돈으로 쉴 수 있는 삶이 제도적으로 잘 정립되었기 때문이다. 물론 최근에는 유럽 여러 나라도 연금 재정이 어려워 개혁을 시도하면서 예전보다 상황이 좋지 않다고는 하지만, 우리한테는 배부른 이야기다.

노후 소득을 보장하기 위해서 운영되는 것이 연금이라고 앞서 말한 바 있다. 우리 연금은 전체 노인의 소득 하위 70%를 대상으로 지급하는 기초연금, 국민연금 가입자를 대상으로 지급하는 국민연금, 그리고 그 외에 기업에서 퇴직하면 받는 퇴직연금이나 개인적으로 가입하는 개인연금으로 구분된다. 기초연금은 보험료 납부 여부와 상관없이 소득이 낮으면 지급하기 때문에, 보험 재정에 기여를 하지 않는다 해서 비기여형, 국민연금은 보험료를 일정 기간(10년) 이상 납부해야 수급 자격이 생겨서 기여형이라고 한다. 이 두 가지는 국가가 운영해서 공적연금이라고 한다. 국민연금 외에 공무원과 사립학교 교직원, 군인 등을 대상으로 운영되는 직역연금도 공적연금이다. 퇴직연금과 개인연금은 민간 금융기업이 운용하므로 사적연금이다. 그래서 보통은 다른 나라도 공적연금(우리의 기초연금, 국민연금)이 국가가 책임지고 관리할 대상이다. 다른 나라 중에는 퇴직연금을 강제 가입으로 의무화하는 경우도 있는데, 이 경우 공적연금으로 보기도 한다.

 하여튼, 한국은 기초연금과 국민연금이 국가가 책임져야 하는 노후보장제도이다. 최근 자료를 보면 노인 1인당 공적연금 수급액은 국민연금과 기초연금을 합쳐 대략 90만 원을 조금 넘는다.[93] 앞서 기초생활보장제도를 얘기하며 4인 가구 기준 중위소득이 610만 원정도라고 설명했는데, 1인 가구는 240만 원으로, 중위소득의 절반은 120만 원이다. 공적연금만으로는 중위소득의 절반에도 미치지 않는다.

최근 연금개혁이 화두가 되며 소득대체율(income replacement rate)이라는 용어가 기사에 자주 오르내린다. 이는 쉽게 설명하면 '공적연금이 개인의 생애 평균소득의 몇 %인가 (몇 %를 대체하는가)'를 의미한다. 소득대체율이 40%라고 하면 내 평생 '평균 소득'의 40% 정도를 '대체'한다는 의미이다. 즉 생애 평균소득이 월 100만 원 정도이면 월 40만 원 정도를 수급받는 다는 뜻이다. 현재 우리는 제도상 소득대체율이 40%이고 이를 44~45%까지 올리는 개혁안이 논의 중인데, 사실 이는 40년 동안 가입했다는 전제하에 가능하다. 실제 국제 통계를 보면 우리 소득대체율은 평균 31.2%다. 최근 상용직 평균 임금이 309만 원 정도니까 여기에 31.2%를 곱하면 약 96만 원으로 위에 말한 1인당 공적연금 수급액과 비슷하다.[94] OECD의 평균 소득대체율이 55% 선으로, 우리는 그 절반 정도다. 이러저러한 비교를 했지만 요는 우리 공적연금액만으로는 노후를 보내기에 매우 불충분하다는 점이다. 그래서 많은 노인이 은퇴 연령 이후에도 일을 하는데, 한국 노인의 노동시장참여율은 40% 정도로, OECD 국가 중에 압도적으로 높다. 그런데도 빈곤율이 높으니, 한국 노인은 다른 어느 나라 노인보다 일을 많이 함에도 누구보다도 빈곤하다.

한국 노인이 젊어서 일을 안 했다면야 연금 수급액이 적은 것을 참작이라도 하겠지만, 한국의 노동시간은 한동안 세계 최장수준이었고, 현재도 다른 선진국에 비해 많이 길다. 결국 일생 동안 세계 어느 나라보다도 길게 일하지만 빈곤한 것인데, 기본적인 생활이 전혀 보장되지 않는 것이다! 이렇듯 연금 소득 수준이 불충분한 것은 앞서 얘기한 국민연금의 사각지대와도 관련이 깊은데, 여기서는 더는 길게 논하지 않겠다.[95]

03

기본적 삶을 위한
소득보장제도

　　지금까지 고용보험과 기초생활보장제도, 기초연금과 국민연금 사례를 들어 우리 소득보장제도가 사각지대가 넓고 보장 수준이 낮아 제 기능을 발휘하지 못하고 있다는 점을 설명했다. 자본주의 시장경제 사회에서 소득이 불안정하다는 것은 삶의 전반이 불안해질 수밖에 없다는 것을 의미한다. '얼마나 있어야 충분한가?'라는 질문은 우리의 끊임없는 소비 욕구를 비판하는 말이긴 하지만, 사실 적지 않은 한국인이 그런 질문을 받기에는 삶이 충분하지 않다. 위에서 다 다루지 못했지만 가족이 크게 아프거나 일자리를 갖지 못한 기간이 길어져 고립된 청년 등 많은 사람이 소득보장의 사각지대에 있다. 그래서 기본적 삶을 위해서는 생애 끊김 없이, 사회의 기본적인 것들을 향유할 수 있는 소득보장제도가 필요하다.

이 점에서 보편적 기본소득의 필요성을 역설하는 사람도 적지 않다. 모두에게, 조건 없이, 정기적으로, 충분하게 제공하는 소득은 분명 기본적인 삶에 있어 필요한 소득을 보장하는 데 큰 도움이 될 것이다. 다만 기본사회에서 반드시 기본소득을 고집하는 것은 아니다. 재정적 부담에 대한 우려와 불평등 완화 효과에 대한 의구심도 있다. 그래서 보편적 기본소득을 통해 모든 국민의 기본적인 소득 보장이, 다른 우려 없이 가능하다면 큰 문제가 없겠지만 일단은 먼저 가능한 대안부터 찾아보는 것이 좋다.

앞서 기본사회는 실사구시의 정신임을 언급했다. 실사구시는 말 그대로 '실질적인 일로 나아가서 옳음을 구한다'라는 뜻이다. 여기서 실질적인 일은 '실질적으로 모든 사람의 기본적인 소득을 보장하는 것'이고, 이것이 가능하다면 어떠한 제도든 필요하다면 수행한다는 의미다. 보편적 기본소득이 언젠가 실질적인 소득보장제도가 되더라도, 우선 당장은 우려와 논쟁이 있으니 지금 있는 제도들부터 차근차근 다듬어 일생 동안 끊김 없이 소득이 보장되도록 하는 것이 좋다.

끊김 없이 소득이 보장되려면 어떻게 해야 할까? 간단하다. 지출이 많은 시기에 집중적으로 지원하면 된다. 우리가 태어나면 학교를 졸업하기 전까지는 버는 돈보다 쓰는 돈이 훨씬 많다.

부모님이나 우리를 키워 주는 사람이 그 돈을 부담하고 있으니 모를 뿐이다. 입고 먹는 것부터 학교에 가기 위한 비용까지, 한 사람의 어엿한 성인으로 만들기 위해 들어가는 비용이다. 사실 성인이 되기 전까지 보통은 수입이 0에 수렴한다.

청년이 되어서 취업하면 은퇴 전까지는 지출보다는 수입이 많고, 청년기부터 중장년까지는 수입의 일부를 저축한다. 연금도 이 시기에 저축을 했다가 은퇴 후에 돌려주는 시스템이다.[96] 그리고 우리가 이 시기에 벌어서 내는 세금이 지출이 많은 시기, 즉 영유아와 노인, 그리고 일시적으로 일자리를 잃었거나 어려운 사람을 위해 사용된다. 앞서 기본사회가 호혜와 연대, 상호돌봄으로 이어지는 사회라 했는데, 반드시 손에 닿거나 접촉하지 않아도 우리는 사실 세금을 냄으로써 다른 누군가를 돕고 있고, 구체적인 일은 세금을 걷은 정부가 다른 국민을 대신해서 하고 있는 것이다. 노인이 되면 은퇴를 하므로 다시 수입이 적어지고, 병원 갈 일이 많아지니 의료비 지출도 늘어난다. 물론 노인이 되면서 다른 지출을 줄이게 되긴 하지만, 어쨌든 이때는 수입이 적어지므로 보통 수입이 지출보다 적다. 이렇게 일생에 따라 소득과 지출이 달라지는 것을 평탄하게 만드는 것이 생애 소득보장 제도의 목적이다.

영유아기에는 현재도 아동수당이라는 것을 국가에서 지급

한다. 현재는 자녀가 태어나면 출산을 축하하는 의미로 '첫만남이용권'이라고 200만 원가량의 바우처(쿠폰)를 지급하고, 매월 10만 원씩 7세까지 아동수당이 지원된다. 아동수당과 별도로 부모급여라고 자녀가 1살이 되기 전까지는 11개월 동안 100만 원을, 2살이 되기 전인 23개월까지 11개월은 50만 원을 지원한다.[97] 이걸 모두 합하면 2,960만 원, 3,000만 원이 조금 안 되니 적지 않다고 느낄지도 모르겠다. 하지만 이 정도면 충분할까? 아무래도 조금 더 필요할 것 같다. 부모급여의 경우 2세까지 50~100만 원을 지원하는 것은 이때가 가장 부모의 손이 많이 가는 시기이고 그래서 부모님 중 한쪽(보통은 어머니였다)은 일을 놓고 아이를 돌보기 때문이다. 사실 그런 점에서 100만 원이라는 돈은 그다지 큰돈이 아니다. 물론 육아휴직제도가 잘 정비되어 있고 휴직 기간에도 유급으로 자녀를 돌볼 수 있는 직장에 다니는 부모라면 큰 문제가 아니겠지만, 생각보다 그런 일자리는 많지 않다.

  2세를 지나서 7세까지 매월 10만 원씩 주는 아동수당도 그다지 큰돈은 아닌 것 같다. 얼마나 주어야 좋을까? 아무래도 소비수준을 감안해서, 아이를 낳고 키우는 것이 가계에 부담이 되지 않아야 한다. 그래야 저출생 문제를 해결하는 데에도 도움이 된다. 어느 정도가 적절할지에 대해 몇 가지 참고할 만한 자료가 있다. 국제노동기구(ILO)가 제시한 사회보장의 최소기준 협약(Convention on Social Security Minimum Standard)에 의하면, 적어도 아동수당, 부모급여와 같은 가족급여(family benefit)는 남성 성인 근로자 임금의 3% 정도는 돼야 한다고 한다. 우리의 남성 근로자 월평균 임금은 약 414만 원인데 이것의 3%면 12만 원 정도다.[98] 현재 우리 아동수당은 국제기구의 최소수준에도 못 미친다. 이는 권고되는 최소 수준이고 OECD 국가의 평균을 보면, 아동 2인이 있는 가구는 평균 처분가능소득의 9.3% 정도를 아동수당으로 지급하고 있다.[99] 아동 1인당 4.65% 정도이고, 앞서 4인 가구 중위소득이 610만 원 정도였으니 아동 1인당 28만 원 정도 주고 있는 셈이다. 이 점에서 우리의 10만 원은 다른 국가와 비교하면 현저히 낮은 셈인데, 다른 문제로 우리나라는 7세까지, 즉 8세 이전까지 지급하는데 다른 선진국들은 보통 18세까지 준다. 사실 자녀를 키우다 보면 갈수록 돈이 더 많이 든다. 사교육 같은 비용은 제쳐 두더라도 식비와 옷값만 해도 갓난아기 때보다 초등학교에 입학하고, 중학교, 고등학교를 거치며 더 늘어난다. 예전에는 첫째 아이의 옷을 둘째, 셋째에게 물려주기라도 했지만 요새는 그러기도 쉽지 않으니, 자녀가 여럿이면 돈도 더 든다.

그래서 많은 전문가들은 아동수당을 다른 OECD 국가처럼

18세까지 주고 금액도 월 20만 원은 주어야 한다고 이야기한다. 그리고 첫째 아이보다는 둘째, 셋째면 가정에 추가 지원금을 주어야 하며 물가 상승에 연동해서 실질적으로 지원해야 한다고 입을 모은다. 혹시나 재정적으로 부담이 되는 것 아닐까 하는 우려가 있겠지만, 단순 계산해 보면 적게는 11조, 다자녀에게 추가 지원을 한다 해도 많아도 14조 정도면 실현가능하다. 물론 이건 출산율을 현재처럼 0.75 정도로 가정해서 계산한 것인데, 아동수당이 늘어서 출산율이 높아진다면 더 들 수야 있겠지만, 그러면 목표했던 정책적 목표(출산율 제고)를 달성하는 것이니 나쁠 게 없다. 그리고 실제로 아동수당과 출산율 간의 상관관계를 연구한 결과를 보면 아동수당이 충분할수록 출산율도 높아진다고 한다.[100] 출산율 제고를 위해 현재도 20조 원이 넘는 돈을 쏟아붓고 있고, 이미 지자체에서도 충분하지 않은 아동수당 때문에 자체적으로 출생 가정에 얹어서 주는 곳이 적지 않다. 지자체의 관점에서는 바람직하지만, 지역별로 출생 직후의 삶에 차등이 생기는 것은 바람직하지 않다. 국가가 인생 출발의, 그리고 자녀 키우는 부모의 '기본적인 평균'을 올린다는 의미에서 아동수당을 확대하는 것이 필요하다.

다음으로, 청년기는 지출이 수입보다 많다가, 수입이 많아질 수 있는 시기다. 다만 이건 청년 대부분이 취업이 가능했던 완전

고용 시대의 이야기이고, 오늘날에는 사회 진출이 어려운 청년이 적지 않다. 취업 구멍이 좁아지다 보니 취업을 위해 준비하는 시간과 노력도 더 필요하고, 만약 경제적 여유가 없다면 아르바이트를 하며 시간을 쪼개 공부하고 준비해야 한다. 1장에서 얘기했지만, 기회의 불평등이 결과의 불평등으로 확대되는 시기이기도 하다. 창업이라도 할 수 있다면 모르겠지만, 모아 둔 목돈이 없으면 창업은 애시당초 계획에서 논외가 된다. 이러한 점에서 국내 많은 지자체는 청년을 대상으로 한 소득지원이나 자산형성 프로그램을 운영하고 있다. 대표적으로 경기도에서는 이미 청년 기본소득 사업을 시행하고 있다. 분기별 25만 원씩, 24세 청년에게 1년간 지원해 총 100만 원을 지역화폐로 지원한다. 서울시 청년수당의 경우 19~34세 미취업 청년에게 매월 50만 원씩 최대 6개월간 활동지원금을 지급하면서 진로·취업지원 서비스를 함께 제공한다.[101] 아주 큰돈이 아닌 것 같지만, 쏠쏠한 효과를 보인 바 있다. 서울시 청년수당의 정책적 효과를 분석한 연구에 의하면 청년수당을 지급받은 청년들이 수당을 활용해 자기계발과 학습에 투자해 근로소득은 이전보다 27만 원 정도 늘었고, 주당 근로시간 역시 2시간 정도가 늘어 사회적 참여도 활발해졌다고 한다. 경기도 청년 기본소득도 청년들의 정신건강과 운동 빈도, 사회적 참여 활동이 늘었고 취업 준비에도 유의미한 도움을 주었으며, 불평등 완화에도 기여한 것으로 보인다.[102] 청년 소득을 실시하기 전에만 해도 이것이 근로의욕을 저하시켜 취업에 부정적일 것이라는 비판이 적지 않았지만, 많은 연구는 오히려 청년 소득이 취업 의욕을 제고하고 역량 개발을 위한 '마중물' 역할을 했음을 보여 준다. 상식적으로 생각해 보면, 근로의욕을 꺾을 정도로 돈을 주려면 속된 말로 한 달 내내 놀고먹을 정도로 줘야 하지 않을까? 적절한 지원은 오히려 청년의 삶과, 사회에 활기를 돋게 했다.

이러한 지자체 사례 외에도, 사실 중앙정부에서도 청년의 자산 형성을 도와주는 사업이 있다. '디딤씨앗통장'이라는 사업이다. 이 사업은 저소득층 아동이나 상황이 어려운 아동의 자립을 도와주기 위해 매월 일정 금액을 저축하면 정부가 저축 금액에 맞춰 추가로 돈을 같이 저축해 주어 청년이 되었을 때 목돈이 마련되게끔 지원하는 제도다. 정부가 맞춰 주는 저축액을 매칭 금액이라 하는데, 가구소득 수준이 낮을수록 매칭 비율이 높다. 매월 5만 원을 1분위 가구 아동이 저축하면 정부 매칭금액을 포함해 만기 시에 4,300만 원 정도가 형성된다. 이는 4년간의 대학 등록금 정도 된다. 그리고 '청년저축계좌'라는, 저소득층 근로 청년을 대상으로 한 자산 형성 지원 사업도 있다.

다만 이러한 사업들은 저소득 청년을 대상으로 하고 있나.

그런데 현세대 청년들의 어려움은 비단 저소득 청년만의 문제는 아니다. 가정환경이나 배경의 차이로 사회 첫 출발점이 다른 것은 저소득층 3~5%만의 문제는 아니기 때문이다. 그래서 기본사회에서는 사회 첫 출발을 공평하게 하기 위해 모든 청년을 위한 기본 자산이나 적금 제도를 실행해야 한다. 이는 디딤씨앗통장을 모든 청년을 대상으로 확대하는 것이다. 부모 내지 아동 본인이 직접 일정 비율을 저축하고, 이에 맞춰서 같이 정부가 저축해 성인이 될 때까지 적립하여 인생이라는 여행을 시작하는 길에 종잣돈으로 삼을 수 있다. 만약 기본 자산이 필요하지 않을 정도로 가정에 여력이 충분하다면 기부를 하거나 사회에 환원해도 되고, 이에 대해 세액 공제나 다른 가능한 방식으로 보상해 주면 된다. 여러 가지 방식으로 이러한 제도를 도입할 경우, 많으면 연간 8조 5,000억 원 내외, 적으면 2조 3,000억 원 정도면 가능할 것으로 보인다.[103] 2023년 우리나라 GDP가 2,243조 원이니 GDP의 0.1~0.4% 정도면 모든 청년의 첫 출발점에서 최소한의 균등을 보장할 수 있다.

청년기 취업 후, 그리고 중장년기는 소득이 지출보다 많으니 굳이 지원할 거리가 별로 없다고 생각할지 모르겠다. 안정적인 소득을 얻고 있어서 기본적인 삶이 가능하다면, 굳이 억지로 지원하지 않아도 된다. 다만 이러한 시기에도 언제든 예상치 못한 일로 일자리를 잃을 수 있고, 특히나 외환위기 이후 '평생직장'의 개념이 사라지면서 실직과 재취업, 이직이 잦아졌다. 외환위기 이후 우리나라 사람은 보통 40대 후반에서 50대 초반에 첫 일자리에서 은퇴해 이직하거나 자영업으로 전환하는 경우가 많아졌다. 청년의 상황은 더욱 심각해서, 졸업 직후 바로 일자리를 얻는 경우가 전체의 절반 정도에 그치며, 보통은 졸업하고도 취업까지 10개월 정도가 걸렸다. 힘들게 일자리를 얻어도 평균 근속기간은 1년 반 남짓이다.[104] 취업이 어려워지고 실직과 이직이 잦아지는 것은 안정적인 미래를 그리기가 어렵다는 뜻이다. 당연히 이는 결혼과 출산에 부정적인 영향을 미친다. 근로연령기 소득이 불안정해지다 보니 은퇴 후 생활도 불안해진다.

이러한 문제를 해결하기 위해 앞서 얘기했듯 고용보험 제도가 있었고, 넓은 사각지대 문제를 해결하기 위해 전국민고용보험이 추진되면서 예전보다는 대상이 많이 넓어졌지만 여전히 한계가 있다. 그래서 전국민고용보험과 함께 기존의 '취업성공패키지'라는 제도를 확대, 개편해서 '국민취업지원제도'가 도입되었다. 저소득층 대상 근로장려금 제도도 운영 중이다. 국민취업지원제도는 재산조건이나 소득 수준에 따라 세부 유형이 구분되지만, 6개월간 50만 원씩 구직지원수당을 지급하거나, 교육훈련이나 상담 같은 취업지원서비스를 제공한다. 다만 문제는 이러한

'국민취업지원제도'가 '취업성공패키지'를 보완한 것이긴 하지만 여전히 수급 자격이 빠듯하고 지원 기간도 짧다. 실직한 사람이 자신의 역량을 개발해 좋은 일자리나 원하는 직장으로 가기보다는, 지원이 끊기기 전에 좋지 않은 일자리라도 일단 취업을 해야 해서 실직과 이직이 반복되는 문제가 발생한다. 개중에는 취업 지원금을 받아서 쉬다가 지원금이 끊길 때쯤 취업을 한다며 부정 수급 논란을 제기하기도 하지만, 제도의 지원을 받는 사람이 모두 부정수급자는 아닐 것이다. 첫 일자리 구직 기간이 10개월인데 재취업 준비를 6개월로 한정하는 것이 오히려 빠듯해 보인다. 이러다 보니 실질적인 역량이 향상되기는커녕, 갈수록 성인의 역량도 낮아진다. 이와 관련해서는 현재의 실업부조가 어쨌든 실업자만을 지원하기 때문에, 재직자의 역량 향상을 지원하는 제도가 부실하다는 것도 문제가 된다. 직장 내 교육 훈련이 잘 갖추어진 기업은 많지 않고, 그마저도 기업의 직무 특성에 한정된다.

 OECD에서 조사하는 자료 중에 국제성인역량조사(PIAAC)라는 것이 있다. 이는 국제학업성취도평가(PISA)처럼 성인을 대상으로 문해력과 수리력, 문제해결능력을 시험을 쳐서 평가하는 자료다. 이 자료를 보면 우리나라 성인은 젊을 때만 해도 조사 대상국 중에 가장 높은 역량을 보인다. 하지만 나이가 들수록 역량이 가장 크게 떨어진다. PISA에서 우리나라 학생들이 핀란드 등과 함께 1, 2위를 다툰다는 이야기는 익숙할 것이다. 이를 연결해 생각해 보면 우리나라는 청소년기부터 청년까지는 국제적으로 비교해도 아주 높은 역량을 보이지만, 청년기를 지나면서부터 역량이 급격하게 떨어져 50대 후반이 되면 30여 개 국가 중 최하 수준을 보인다고 추론할 수 있다. 물론 여기에는 세대 간의 교육 수준 격차라든지 여러 요인이 영향을 미치지만, 우리나라의 평생학습지원이 부실한 것도 한몫한다.

요컨대, 실직과 이직이 잦은 노동시장에서 개인의 실질적인 역량 향상을 지원하지 못하고 제한적인 소득지원에만 치우친 현재의 제도는 반드시 개선돼야 한다. 여러 제도가 중복운영되며 비효율적이라는 문제도 있지만, 제도를 통합적으로 운영해서 효율적인 제도, 성인의 실질적인 역량을 높이면서 실직자든, 취업자든 언제든 필요할 때 공부해 더 좋은 일자리나 자신이 원하는 직장으로 찾아가게끔 유도하는 제도가 필요하다.

교육훈련을 지원하는 제도로는 '내일배움카드'도 있지만 사용처가 제한적이다. 그래서 어느 시기든 자신이 필요할 때 원하는 교육을 받을 수 있는 포괄적인 제도가 있다면 실질적인 역량 향상과 경제활동 참여에 도움이 된다. 이는 기본사회가 강조하는 '역량 향상'의 관점을 구현하는 것이기도 하다. 프랑스의 개인

활동계좌(CPA)와 같은 제도가 도입되면 도움이 될 것이다. 프랑스는 성인이 되면 모든 성인에게 가상계좌를 발급해서 매년 일정 포인트를 넣어 준다. 개인은 포인트를 적립해 두다가 개인의 교육, 직업훈련에 필요할 때 사용할 수 있다. 평생교육기관이나 대학에 연계해 사용할 수 있다. 한편으로 소방관이나 여타 사회적으로 위험노동을 하는 사람은 추가로 포인트를 적립해 이들이 조기퇴직연금을 받거나 이직훈련을 하는 데 사용하게끔 해주어서 사회적으로 가치 있는 일을 보상해 준다.

이 제도는 개인이 언제든 필요할 때 자신의 역량 개발을 위해 사용할 수 있고 용처도 넓다는 장점이 있지만, 다른 장점으로 자신의 인생을 계획적으로 준비하는 데 도움이 된다. 우리는 갑자기 일자리를 잃고 나서야 부랴부랴 지원을 신청하고(그마저도 제도 홍보가 되지 않아 신청을 못 하면 사용을 못 하지만) 일단은 취업을 목표로 준비한다. 취업한 사람은 그날그날 직장 다니면서 일하기 바빠서 역량개발을 염두에 두기가 쉽지 않다. 반면 개인활동계좌는 성인이 될 때부터 포인트를 적립해 주고 매년 포인트가 쌓이는 현황을 개인이 알 수 있기 때문에, 계획적으로 언제부터 무슨 공부를 할지, 언제쯤 공부를 마치고 이직을 할지 등을 설계하는 데 도움이 된다.

우리나라 지자체 중에도 경기도 화성시나 광명시는 중장년층을 대상으로 평생학습장학금을 지원해 성인기의 역량 개발을 돕고 있다. 두 지자체는 중장년층이 첫 일자리를 떠나거나 자영업으로 전환하는 시점이 50대라는 점에 착안해서 해당 시기에 지역의 평생교육기관이나 대학의 부설기관에서 사용할 수 있는 포인트를 지원해 주는데, 지역 주민들에게 요긴하게 도움이 되고 있다. 개인활동계좌에 비하면 지원 금액이나 기간이 초보적인 단계이긴 하지만, 이러한 지자체의 정책 사례들을 다듬고 발전시켜서 확대하면 근로연령기의 위기를 해결하는 데 큰 도움이 될 수 있다.

마지막으로, 앞서 우리의 노인빈곤 문제가 심각하다는 이야기는 상세하게 전했다. 이 문제를 해결하려면 지금 연금의 소득대체율을 높여 소득보장수준을 올리는 것도 필요하면서, 사각지대를 줄여 국민연금을 두텁게 만드는 일이 절실하다. 한편으로는 기본적인 소득수준은 보장해 주는, 밑바닥을 튼튼하게 깔아 주는 제도도 필요하다. 사실 우리 연금제도가 부실한 데에는 1988년 도입되어 아직 제도가 충분히 성숙하지 않은 영향도 있고, 제도 도입 후에 노동시장에 진출한 베이비부머 세대가 은퇴하면 이전보다는 나아질 것이라는 기대도 있다. 다만 제도가 성숙하더라도 여전히 주요 선진국에 비하면 소득 보장 수준이 충분하지 못할 것이다.[105] 이를 해결하면서 고령화와 저출생으로 인해 위험한 연금 재정의 지속 가능성까지 담보해야 하는 것이 우리 연금개혁의 중요한 과제이다.

이번 국회의 연금개혁안에서는 모수, 즉 연금의 보험료율과 소득대체율 정도만 논의했다.[106] 이러한 모수 논의만으로도 사회적 대화와 타협이 잘 되지 않고 큰 내홍을 겪었다. 그런데 연금개혁은 단순히 보험료와 소득대체율 조정으로만 끝나는 것이 아니고, 앞서 얘기했던 기초연금과 국민연금(및 직역연금), 퇴직연금, 개인연금 등 소득보장제도 전반의 구조 개혁이 필요하다. 지면의 제약상 여기서 구조 개혁의 구체적인 방향까지 논의하지는 않는다. 다만 사회적 대화와 타협을 통해 기본적인 삶의 수준을 보장하면서, 앞으로 지속 가능한 연금제도를 만드는 것이 중요하다는 점을 강조하고 싶다.

지금까지 기본사회의 소득보장제도를 얘기했다. 정리하면, 시장경제에서 기본적인 삶의 보장을 위해 일정한 수준 이상, 즉 기본적인 수준의 소득보장은 필수적이다. 이를 위해 보편적 기본소득도 하나의 대안이 될 수 있지만, 보편적 기본소득이 여러 논쟁적인 문제로 인해 당장에 실현되기 어렵다면 지금 당장 가능한 대안들부터 고쳐 가며 실행하자고 얘기했다. 그래서 일생에 끊김 없이 소득보장이 되도록 기존의 아동수당 제도와 디딤씨앗통장을 개선해 출생기본소득과 청년 적금 같은 자산형성 제도로 확대하는 것, 중장년기 실업과 빈곤을 예방하기 위해 고용보험 제도의 사각지대를 없애고 언제든 역량을 개발할 수 있는 제도를 만드는 것, 노후의 소득보장을 위한 방안들을 얘기했다. 그 외에 사회적으로 가치 있는 일에 대해 보상하는 시민참여소득이나 농·어민소득도 가능한 대안이 될 수 있다. 이미 광주 광산구에서는 참여소득을 시민수당이라는 이름으로 실험했고, 해외에서는 프랑스의 적극적연대기여(RSA) 등이 참조 사례가 될 수 있다. 경기도 여러 지자체를 비롯, 전국 각지의 많은 지자체가 농·어민 소득을 시행 중이다. 전남 신안군은 태양광 발전시설을 만들고 이에 기여한 주민들에게 햇빛바람연금을 지급하고 있다. 이러한 여러 제도를 촘촘히 연결해 기본적인 삶의 원천을 보장하는 것이 기본사회의 핵심이다.

04

우리 사회서비스의 문제점

그렇다면 소득만 보장되면 기본적인 삶을 사는 데 큰 문제가 없을까? 그렇지는 않다. 세상에는 돈만으로 해결할 수 없는 일들이 꽤나 많다. 돈으로는 음식이나 자동차 등 상품을 살 수 있지만, 상품이 아닌 것들이 있다. 돌봄이 필요한 사람이 돌봄을 제공받는 것. 몸이 아픈 사람이 병원에서 진찰과 치료를 받는 것, 양질의 교육을 제공받는 것 등 유형의 상품이 아닌 무형으로 제공되는 서비스가 이에 해당한다.

경제학 원론을 강의하면 보통 첫 시간에 재화와 서비스(goods and service)에 대해 가르친다. 재화는 생산되는 상품을 의미한다. 위에 언급한 음식이나 자동차처럼 유형의 형태가 있다. 반면 서비스는 사람이 제공하는 것을 의미한다. '서비스'

를 받는 것은 물리적 상품이 아닌 사람이 직접 수행해서 편의(service)를 받는 것이다. 서비스는 재화와 비교할 때 몇 가지 특징이 있다. 일단 물리적 형태가 없고, 제공받는 즉시 사용된다. 상품처럼 집에 쟁여 놓을 수 없다. 이 점에서 서비스는 구매 후 소유하는 것이 아닌 '경험'하는 것이다.

물론, 서비스도 시장에서 구매하기는 한다. 식당에서 먹는 음식값에는 서빙을 받는 서비스에 대한 비용이 포함되어 있다. 학원이나 사립유치원은 교육서비스에 대한 강의료나 등록금, 보육료 등을 받는다.

그런데 문제는 여기서부터 발생한다. 사적인 편의를 위해서가 아니라, 돌봄이나 의료, 교육과 같이 개인이 감당하기 어려운 일을 지원하는 서비스를 '사회서비스(social service)'라고 한다. "사회적으로 필요한 '사회서비스'를 시장에 맡긴다"라는 문장을 음미해 보기 바란다. 이상하지 않은가? 사회적으로 필요한 서비스인데 시장에 맡기면 시장논리에 따라 공급되기에 문제가 발생한다. 사회서비스는 일종의 공공재인데, 시장에 맡기면 공급이 필요한 지역에는 충분히 공급되지 못하고 반대로 특정 지역에만 많이 공급되어 공급과 수요의 불일치가 발생할 수 있다. 또한 가격 메커니즘에 따라 움직이다 보니 수요-공급이 균형적이지 못하면 좋지 못한 서비스를 비싼 값을 내고 공급받아야 하는 상황도 발생할 수 있다.

물론, 시장에서 서비스를 제공할 때의 장점도 있다. 수요-공급이 잘 맞는다면 시장의 가격 메커니즘에 따라 효율적으로, 수요에 따라 탄력적으로 공급될 수 있다. 필요 이상으로 방만하게 운영된다거나, 이로 인해 예산이 낭비된다든가 하는 문제를 예방할 수도 있다. 그래서 보통은 공공이 서비스를 많이 공급하는 국가라 해도 시장에 일정 부분 맡겨 혼합(mix)을 시킨다. 이는 서비스 구매자의 선택권을 넓히는 측면에서도 바람직하다.

하지만 우리나라는 시장에 의존하는 비율이 너무 높아 문제가 발생한다. 예를 들어 지역별로 어린이집과 병원의 응급센터를 이용하고자 가는 데 걸리는 시간을 계산해 보면, 수도권에서 멀어질수록 돌봄 및 의료시설을 방문하는 데 걸리는 시간이 길어진다. 서울에서 어린이집까지 걸리는 평균적인 시간에 비해 전남 도서지역, 강원 산간은 적게는 6배에서 많게는 12배 정도의 시간이 걸린다. 응급의료시설도 상황은 비슷하다. 서울은 의료기관 이용자의 90%가 60분 내에 병원에 갈 수 있지만, 전남은 60분 내에 이용하는 비율이 50% 정도밖에 되지 않는다.[107] 그 외에 철도나 버스와 같은 대중교통 접근성도 지역별 차이가 크다. 서울에서는 철도역까지 가는 데 평균 22분이 걸리는데, 경남권에서는 60분 정도가 걸려 약 3배 차이가 난다.[108]

이는 지역 간의 서비스 이용 격차이고, 소득수준에 따른 격차 역시 크다. 소득 하위 20%(1분위)는 아파도 병원에 가지 않는 사람이 약 14% 정도나 되는 반면, 상위 20%(5분위)는 6% 정도에 그친다. 물론 아픈 걸 잘 참는 성향 같은 것들도 병원 이용 행태에 영향을 주지만, 이러한 차이의 주요 원인은 소득수준이다. 한편 가구의 소득수준에 따라 아이를 돌보는 사람도 차이가 있는데, 소득수준이 낮을수록 어머니가 직접 아이를 돌보는 비율이 높고 어린이집이나 돌봄 전문 인력이 돌보는 비율은 낮다. 반면 소득수준이 높아질수록 서비스를 이용하는 비율이 높아진다.

이렇듯 지역과 소득수준에 따라 사회서비스 접근성에 격차가 크다 보니 전반적인 이용률도 낮다. 2021년 수행된 사회서비스 실태조사 자료를 살펴보면, 사회서비스의 필요 대비 이용률은 50% 미만이다. 이러한 문제가 발생하는 근본적인 이유는 충분하게 공급되지 않는 데다 민간업체가 대다수를 차지하면서 영리를 목적으로 할 수밖에 없고, 그런 업체 대다수가 영세업체이다 보니 대도시에 집중되어 있기 때문이다. 그래서 지방은 서비스를 공급해 줄 기관도 부족하고, 질 높은 서비스를 받기도 어렵다. 영세업체의 수익률이 낮기 때문에 업체에서 일하는 간병인, 보육교사, 요양보호사 등 서비스 인력에게 좋은 근로 조건과 임금을 제공해 주기 어렵고, 이는 서비스의 질적 저하로 이어진다.

요양병원이나 어린이집에서 학대나 방치 문제가 발생했다는 기사가 가끔 보도되는데, 이는 근본적으로 낮은 임금과 장시간 노동에 따른 스트레스가 영향을 미친다.

안 그래도 누군가를 돌보는 일은 고되고 힘든 일이다. 힘들어 죽겠는데 돈도 얼마 못 받고 긴 시간 일해야 하다 보니 자신이 돌보아야 할 사람을 대상으로 화풀이를 하게 된다. 물론 사고를 발생시키는 사람은 큰 처벌을 받아야겠지만 근본적으로는 '민간 영세업체 중심 사회서비스 공급 → 지역 간, 소득 간 서비스 격차 → 업체 수익률 저하 → 종사자 처우 저하 → 서비스 품질 저하'라는 악순환 고리를 끊는 것이 중요하다.

05

모두의 필요를 충족하는 보편적 기본서비스로

　이러한 문제를 해결하려면 사회서비스 전반의 대대적인 혁신이 필요하다. 이와 관련해 앞에서도 소개했지만 기본소득과 비슷하게, 모두에게 필요한 서비스를 제공하자는 '보편적 기본서비스(universal basic service)'라는 개념도 제시된 적 있다. 기본서비스는 영국의 세계번영연구소(Institute for Global Prosperity)에서 처음 제시했고, 기본서비스를 '필요한 시민이면 누구든 원하는 서비스를 충분히, 공공이 제공하는 것'으로 정의한다.[109] 사회서비스 내지 기본서비스의 범위는 다양하게 논의될 수 있다. 보통은 ① 보건·의료, ② 교육, ③ 주거, ④ 돌봄, ⑤ 교통, ⑥ 정보통신 등을 꼽는다.[110] 이러한 서비스들은 모두 개인이 시장에서 감당하기에는 어렵고, 시장에만 맡겨 두면 사회적으로 필요한 수준으로 공급되지 않는 가치재(merit goods)다. 그렇기에 공공이 공급해야 한다. 그렇다면 기본서비스를 우리 사회에서 실현하려면 어떤 정책들이 필요할까? 몇 가지 사례와 함께 간단히 살펴보자.

먼저 기본적인 건강권을 보장하려면, 어느 지역에 살든, 소득수준이 어느 정도이든 상관없이 필요한 의료서비스를 제공받을 수 있어야 한다. 그러려면 국가적으로는 의료서비스의 공공성이 강화되어야 한다. 충분한 공공병원과 인력이 공급되어야 한다. 한편으로는 충분한 공공의료 인프라가 지원되어도 모든 지역에 골고루 공급되지 않으면 의미가 없다. 그래서 주요한 지역의 거점별로, 예를 들어 경남권의 부산, 울산, 호남권의 광주, 전주 등 거점 도시마다 상급종합병원이 활성화되고 가까운 지역에서는 지역보건기관이나 재택의료센터, 방문간호센터가 일차의료를 담당하는 기본사회 의료체계가 구축되어야 한다. 그럼에도 불구하고 의료기관의 접근이 힘든 섬 지역이나 산간은 주치의가 찾아감으로써 의료서비스를 제공할 수 있다. 이와 관련해 주치의 제도는 매우 중요한 역할을 수행할 수 있는데, 사실 우리 의료 이용 행태의 문제점 중 하나는 평소에 예방과 관리에 중점을 두지 않다가 큰 병이 닥치고 나서야 병원에 방문하는 것이다. 물론 일이 바쁘고 생활이 고되면 병원을 찾기가 어렵지만, 평소에 병원을 주기적으로 찾아 미리 검사를 받고 작은 병부터 잘 관리한다면 이후에 큰 질환으로 번지거나 이로 인해 많은 돈이 드는 문제를 해결하는 데 도움이 된다.

이 점에서 개인이 각자 주치의를 두고 평소에 관리하는 시스템이 정착해야 한다. 이미 많은 지역에서 주치의 서비스를 도입해 실험하고 있다. 부산시, 서울시 은평구, 충남 아산시, 전남 순천시, 강원 삼척시 등 많은 지역에서 우리 동네 주치의 제도를 도입하여 운영 중인데, 그중에도 경기도 안양시는 주치의 서비스를 제공하면서 이를 스마트폰 앱과 연동되는 기기를 활용해 주기적인 자가건강진단과 건강 미션 부여에 활용하고 있다. 이용자는 핸드폰 앱과 스마트 워치 등을 활용해 그날그날, 혹은 주마다 건강 상태를 자가 체크하고, 앱을 통해 일정한 산책이나 달리기 등 미션을 제공받는다. 그리고 앱의 자가 진단 정보나 혈당, 혈압 정보 등을 주치의가 체크하고 상담하면서 건강을 관리하고 이상이 있다면 지역 의료기관이나 상급 병원에 연결해 준다. 안양시 외에도 서울시는 독거노인의 안부와 건강 점검에 스마트 스피커를 활용하고 있기도 하다.

한편으로 이러한 지역의 의료서비스는 돌봄과도 연계된다. 나이를 먹고 몸이 안 좋아지면 의료와 돌봄을 같이 받아야 하는 경우가 늘어난다. 몸이 안 좋으니 집안일을 하기도 어렵고, 병원을 찾을 때 혼자 가기 쉽지 않아진다. 그래서 문재인 정부에서는 '지역사회 통합돌봄'이라는 사업이 전면적으로 추진되었다. 지역사회 통합돌봄은 자기가 사는 집과 집 근처에서 집안일과 그 외의 노인 돌봄 서비스, 병원 동행, 의료서비스를 통합적으로 한꺼번에 지원받는 것을 의미한다. 이는 돌봄이 필요한 노인의 필요를 가까운 곳에서 충족할 수 있으니 이동과 요양원, 병원 등 시설 입소에 드는 물리적, 시간적 비용을 줄일 수 있는 장점이 있다. 지역사회 통합돌봄이 필요한 다른 이유는 시설에 격리된 상태로 노후를 맞지 않아도 된다는 사실이다. 우리나라는 다른 나라에 비해 노인의 시설 입소 비율이 상당히 높다. 이는 나이가 들면 가족, 친지, 이웃과 떨어진 채로 고립되어 여생을 보낸다는 의미다. 전혀 인간적이지 않은 노후이며, 다른 말로 '사회적 배제(social exclusion)'라고도 표현한다. 많은 노인들이 자신이 살던 곳에서, 가까이 지내던 사람과 같이 늙어 가는 노후를 바란다. 앞서도 보았지만, 인간은 사회적 존재이기 때문에 사회적으로 배제된다는 것은 인간성을 상실하는 일이기도 하다. 지역사회 통합돌봄의 활성화는 질 좋은 돌봄의 제공과 인간적 삶을 위해 꼭 필요하며, 이미 해외에서도 일부 국가는 시설이 전혀 없는 시설제로를 달성하기도 하였다.

이러한 지역사회 통합돌봄이 윤석열정부에서는 크게 후퇴

하였는데, 관련 예산이 크게 삭감되며 많은 지역에서 지역사회 통합돌봄 사업이 부침을 겪었다. 하지만 일부 지자체는 자신들의 예산을 투입해서 지역사회 통합돌봄을 이어 가고 있고, 지원되는 서비스의 종류를 넓혀서 오히려 지역사회 통합돌봄 사업을 확대하고 있다. 광주광역시나 경기도 부천시, 충북 진천군 등이 지역사회 통합돌봄을 자체적으로 확대해 추진하고 있는 대표적인 지역이다. 혹은 지역의 특성을 결합하거나 특화된 통합돌봄 서비스를 하는 지역도 있다. 전북 순창군은 농촌 지역의 특성을 반영한 통합돌봄 서비스를 제공하고 있고, 서울 서대문구는 정신질환자 및 독거노인 집중 케어에 초점을 두고 있다. 충북 청주시의 경우 장애인 중심 통합돌봄 사업을 진행하고 있는 중이다.

비단 통합돌봄은 노인만의 문제는 아니다. 아동을 위한 영유아 돌봄도 필요하고, 장애인이나 중증환자를 위한 돌봄 서비스도 중요하다. 이 역시도 부모나 보호자의 생활 반경 가까이에서 제공된다면 더할 나위 없이 좋고, 국내의 여러 지역에서는 비록 정부의 공적 지원은 아니지만, 부모와 보호자들이 서로의 자녀와 가족 구성원을 돌봐 주면서 같이 돌봄을 실현하고 있는 사례도 있다. 육아라는 필요에서 시작된 서울 마포구의 성미산마을공동체나, 상호 돌봄에서 시작해 에너지자립으로까지 확대된 충남 아산시의 예꽃재(예술이 꽃피는 마을)가 이에 해당하는 사례이다.

　이러한 통합돌봄을 일반 가정에서도 실현할 수 있지만, 아예 주택에 의료와 돌봄을 모아서 제공하는 공간적 형태로 재구축할 수도 있다. 예를 들어 4~5층짜리 다세대 주택을 짓고, 1~2층에는 의료시설과 돌봄시설을 두고, 3층 이상에는 주거공간을 마련해 같은 공간에서 위아래로 움직이며 의료와 돌봄, 주거를 한꺼번에 해결하는 것이다.

　충남 청양군은 방금 말한 형태의 고령자복지주택을 운영하고 있는데, 4층의 건물을 지어 1층은 돌봄과 의료에 필요한 행정지원시설을 두고 2층은 재택의료와 통합돌봄시설을, 3층과 4층은 독거노인의 공동주택으로 사용하고 있다. 이와 비슷하지만 조금 다르게, 서울 금천구는 서울시 및 SH공사와 협업해서 지하에 거주하는 독거노인을 대상으로 공동주택을 매입해 제공하는데, 4~5층으로 구성해 10개 세대가 같이 살면서 공동체 프로그램을 운영한다. 주택에 들어오면 공동체 프로그램에 반드시 참여해야 하는데, 공동체 프로그램은 공동화단 가꾸기, 치매예방 프로그램과 놀이치료 등이 있어서 공동체 소속감을 가꾸면서 상호 돌봄, 예방의료 기능을 수행한다. 임대료를 저렴하게 해서 경제적 부담을 덜고, 홀로 사는 노인이 서로를 같이 돌보며 외로움도 덜 수 있다.

이렇게 국가나 비영리단체가 공동주택을 매입해 저소득층이나 노인계층에게 제공해 주거와 복지를 같이 제공하는 주택을 지원주택이라고 한다. 지원주택 외에 공동체 활동을 지원하고, 사회적 가치를 실현하기 위해 제공되는 사회주택도 있다.[111] 다양한 연령과 계층에게 제공될 수 있는데, 서울 성북구의 경우 청년 창업자나 1인 기업인을 위한 도전숙이라는 공동주택을 제공하고 있다. 청년 창업자들을 모아 두니 서로 간에 정보를 공유하거나 협업 체계를 구축해서 시너지를 얻기가 좋고, 이를 통해 추가적인 일자리가 창출되고 지역경제에도 도움이 된다. 경기도는 이와 비슷하게 청년 및 대학생의 공동생활공간인 '따복기숙사'를 운영하는데, 서울대와 협약을 맺어 기존 대학 기숙사를 리모델링해 경기도 소재 대학에 다니는 대학원생이나 청년에게 저렴하게 임대한다.

이외에도 주거권의 보장을 위해서는 쾌적한 집을 안정적으로 공급하는 것이 필요한데, 화순군은 청년이나 신혼부부를 대상으로 만원 임대주택을 운영해 주거 안정에 큰 도움을 주고 있다. 기본주거권 보장을 위해서는 저렴하고 쾌적한 공공주택이 많이 보급되는 동시에, 거주자의 특성과 지역 특색에 맞는 지원주택·사회주택이 대규모로 공급되는 것 역시도 필요한 일이다.

의료와 돌봄, 주거서비스가 통합적으로, 지역마다 촘촘하게 제공되는 사회가 기본사회의 모습이다. 한편으로 이러한 지역들을 돌아다니기 위한 교통 역시도 중요한 사회서비스인데, 대도시나 광역권에서는 이동권을 보장하기 위한 기본교통사업이 이미 활발하게 진행되고 있다. 서울시의 기후동행카드나 경기도의 The 경기패스, 광주광역시의 G패스는 저렴한 비용으로 대중교통을 이용할 수 있게끔 하는 교통서비스다. 다만 이는 대도시에 한정되는 서비스다 보니 지방이나 농촌, 소규모 도시에 사는 사람은 이용하기 어렵다. 이를 해결하기 위해서 최근에 주목받는 것은 '수요응답형 대중교통'인데, 이는 쉽게 이해하면 콜택시와 같은 서비스와 버스라는 교통수단을 합치는 것이다. 예전에는 농촌에 살면 하루에 3~4번 운행하는 집 앞 버스 정류장에 반드시 시간을 맞춰 나가야 했다. 12시에 시내에서 약속이 있어도 우리 동네 정류장에 운행하는 버스가 9시에 한 대, 오후 1시에 한 대 있으면 9시에 미리 나가서 기다려야 했다. 하지만 최근에는 내가 필요한 시간에 나가 해당 정류장에서 앱으로 요청을 하면 지역을 도는 버스가 실시간으로 수요에 맞춰 노선을 조정해 동네 정류장으로 와준다. 이렇게 이용자의 요청에 따라 노선을 조정하기에 수요응답형 교통이라고 한다. 대표적으로 경기도의 '똑버스'가 이와 같이 운영하고 있고, 세종시와 충북 지역에서도 '두루타버스'라는 수단이 이용되고 있다.

이러한 수요응답형 대중교통 외에도, 이용자 특성에 맞춘 교통수단도 있다. 예를 들어 서울 은평구에서 시작된 '아이맘 택시'는 임산부의 요청에 따라 운행하는 미니밴 택시다. 아무래도 임산부는 거동이 불편하기도 하고, 아이가 있기 때문에 조심해서 이동해야 한다. 혼잡한 시간에는 대중교통을 이용하기가 쉽지 않다. 그래서 임산부의 요청에 따라 병원 동행 등을 지원하기 위해 시작된 서비스가 '아이맘 택시'인데, 지역에서의 호응도 상당히 높았고, 이에 여러 자치구가 해당 서비스를 도입했다. 이에 서울시도 임산부 지원 택시를 도입해 운영하고 있다.

이외에도 생활의 여러 권리를 충분하게 보장하기 위한 기본서비스 사례는 수도 없이 많다. 많은 사례를 수집할수록 기본사회는 여러 지역에서 다양한 형태로 점차 안착해 가고 있다는 생각이 든다. 기본사회가 우리 국민의 기본권을 최대한으로 충실하게 보장하는 거대한 구상이긴 하지만, 실제로 그 수행은 많은 지역에서 여러 형태로 작은 것들을 챙기며 이루어지고 있는 중이다. 그래서 기본사회는 사실, 구상은 거대하지만 실천은 점진적인 실험이다. 아무래도 여러 정책을 하다 보면 개중에는 실패하거나 효과가 좋지 못한 사업도 있을 수 있다. 하지만 우리가 실험을 하는 이유는 반복과 실패를 통해 개선점을 찾고 이를 통해 성공적인 사례를 만들어 낼 수 있기 때문이다. 비행기를 개발한 라이트형제는 적어도 700번 이상의 실험을 한 것으로 알려져 있다. 기본사회는 어찌 보면 비행기보다 더 복잡한, 총체적인 사회체계를 만드는 실험이다. 그러다 보니 지역에서 다양한 실험과 반복으로 좋은 선례를 찾아가는 과정이 필수적이다. 사실 그 점에서 지방자치의 발전은 기본사회를 위해 중요하다. 혹자는 지방자치의 필요성에 의문을 제기하기도 하지만, 지역에서의 다양한 실험과 지방정부 간의 경쟁은 우리 사회를 더 나은 방향으로 이끄는 데 분명 기여하고 있다.

06

기본사회 실행의 전략
: 협동조합과 사회적경제

앞에서의 이야기를 통해 기본사회에서 생애주기 소득 보장과 기본서비스가 우리의 기본적 삶을 보장하는 데 어떻게 중요한지, 구체적으로 어떤 형태들로 이루어질 수 있는지 얘기했다. 아마도 어렴풋하게나마 머릿속에 기본사회가 그려질 것으로 생각된다. 이 점에서 우리가 또 하나 강조하고 싶은 것은, 기본사회를 실현하는 데 있어 협동조합과 사회적경제기업의 역할이다.

협동조합은 '공동으로 소유하고 민주적으로 운영되는 사업체를 통해 조합 구성원의 경제적, 사회적, 문화적 필요와 욕구를 충족하고자 자발적으로 운영되는 사업 조직'을 의미한다.[112] 쉽게 말해 사회 구성원 여럿이 모여 조합을 만들고, 공동의 목적을 위해 운영되는 사회적 기업체를 일컫는다. 사회적경제 기업은 협동조합이나 마을기업, 자활기업, 사회적기업과 같이 사회적 가치와 공공의 이익을 추구하되 기업 형태로 경제활동에 참여하는 조직을 의미한다.[113] 예를 들어 '한살림'은 안전하고 깨끗한 먹거리의 공급과 지역 농가 활성화 등의 여러 목적을 위해 조직된 협동조합으로 1989년에 출범해 친환경-유기농산물 직거래, 사회적 지속 가능성 유지를 위한 운동 등 다양한 활동을 전개하고 있다. 해외의 사례지만, 세계에서 가장 큰 축구클럽 중 한 곳인 FC 바르셀로나도 협동조합이다. FC바르셀로나는 특정 기업이 소유하지 않고, 일정한 비용을 내면 누구나 조합원으로 가입이 가능해서 이사회에 참여해 구단 운영에 대해 의견을 표명할 수 있다. 축구를 통해 지역사회 공동체의 결속력을 다지고 화합을 도모하는 게 FC바르셀로나 협동조합의 운영목적이다.

협동조합과 사회적기업은 개인이 소유하는 것이 아니라 구성원 공동의 소유라는 점, 따라서 의사결정 역시 개인이 아니라 구성원 공동의 민주적 결정을 통해 이루어진다는 점, 반드시 이윤을 추구하는 것이 아니라 사회적 목적과 가치를 추구한다는 점에서 일반 기업과 차이가 있다. 다만 사회적기업과 일반 영리 기업이 엄밀하게 구분되는 것은 아니며, 우리가 오늘날 알고 있는 많은 기업은 사회적기업에서 출발한 경우가 많다. 대표적으로 미국의 아웃도어 제품 기업인 파타고니아(Patagonia)도 사회적 기업에서 출발해, 매출의 일정 비율을 환경단체 지원에 사용하고, 제품 생산 과정에서 재생에너지만을 활용하는 것을 목표로 하고 있다.

여기까지 협동조합과 사회적경제기업에 대해 이해하게 되었을 텐데, 왜 이들이 기본사회에서 중요할까? 크게 두 가지 이유가 있다. 첫째는 이들이 사회적 가치를 추구하는 기업으로서, 시장 논리에만 맡겨 두면 제대로 공급되지 못하는 재화와 서비스를 공급하는 데 크게 기여하기 때문이다. 앞서도 얘기했지만, 우리가 앞에서 논의한 돌봄이나 의료가 대표적이다. 돌봄이나 의료는 대표적인 가치재다. 교육이나 의료, 돌봄이 대표적인 경우이고 이는 흔히 경제학에서 말하는 시장실패의 사례에 해당하기도 한다.

앞서 우리나라 사회서비스의 큰 문제의 원인이 시장 중심 공급이라는 점을 지적했다. 우리나라가 건국 이후 넉넉하지 못하다 보니 우리 생활에 필요한 것들을 책임지지 못했고, 그러다 보니 시장에 여러 가지를 맡겼는데 그 결과 우리 모두의 기본적인 삶을 보장하기에 충분하지 못했다. 결국 시장에 너무 많이 맡긴 것을 해결하려면 국가가 책임을 져야 하는데, 이를 일순간에 급격하게 국가가 책임지는 것은 비용적으로도 그렇고, 사회적으로도 부담이 된다. 이때 협동조합과 사회적경제기업은 국가와 시장이 모두 책임지기 어려운 영역을 메우는 데 큰 도움이 된다. 이미 우리나라에는 적지 않게 많은 의료, 돌봄 분야의 협동조합이 있다. 먹거리에 대해 한살림이 기여하고 있는 역할도 적지 않다.

사실 우리나라에서는 공공(public)의 일이라 하면 곧잘 국가(state)를 연상하는데, 사실 공공과 국가는 같은 개념이 아니다. 사회구성원 여럿이 같이 직면하는 공동의 문제가 곧 공공의 문제이고, 그래서 여럿이 같이 해결하면 공공의 해결이 된다. 아마도 우리는 오랜 군사독재정권의 경험 때문에 공공의 역할을 곧 국가의 역할로 치환하는 버릇이 있는데, 협동조합과 사회적기업이야말로 우리 사회가 아직 해결하지 못하고 있는 가치재의 문제를 공공의 지혜로 해결하는 가장 좋은 사례다.

협동조합과 사회적경제기업이 필요한 두 번째 이유는, 이들의 민주적 운영방식이 주민 스스로가 문제를 해결하고 해결 과정에 협의와 토론으로 문제에 접근하는 생활 속 민주주의이기 때문이다. 누차 강조해 왔지만, 기본사회는 단순히 생활권과 사회권의 보장만을 의미하지 않는다. 우리 삶의 모든 권리가 총체적으로 보장되는 것이 기본사회이다. 그래서 민주주의를 심화하고 우리 생활에 체화하는 것은, 그 자체로 기본사회 실현의 가장 좋은 방법이다. 협동조합은 지역의 당면 문제를 주민들이 머리를 맞대 지혜를 모아 해결하는 과정이기에, 민주주의의 체험학습장이다.

　의료와 돌봄 외에도, 지역 문제를 해결하는 과정에서 협동조합이 하는 역할은 적지 않다. 예를 들어 전남 강진군에는 '푸소(Fu-so)'라는 관광협동조합이 있다. 푸소는 Feeling-Up, Stress-Off의 줄임말인데, 기분을 풀고 스트레스를 줄이라는 의미다. 전라도 사투리 중 덜어 내다는 의미의 '푸소'에서 착안했다고 한다. 푸소는 단순히 관광지, 체험지 운영만 하는 게 아니라 농촌문화 숙박체험이라든가, 빈집 리모델링을 하면서 지역의 정주인구 증대에도 노력하고 있다. 지방이 생활인구 감소와 고령화로 소멸 위협이 증대되고 있는 것은 이미 잘 알고 있을 것이다. 이를 해결하기 위해 지금도 많은 예산이 투입되고 있는데, 강진군은 주민이 스스로 참여해 주도적으로 운영하는 푸소 협동조합을 운영해 지방 소멸이라는 지역의 문제를 슬기롭게 해결하고 있다. 시흥시는 주민협의회가 스스로 계획을 세워 도시재생사업을 주도하고 주거환경재생사업을 추진했다. 지자체 중 최초로 재단법인을 만들어 도시재생조직을 꾸리고, 동네관리소를 만들어 마을의 문제를 해결 중이다.

　지금까지 기본사회의 주요한 제도와 정책을 간략히 살펴봤다. 기본적인 소득이 보장되지 않아 삶을 누릴 조건이 되지 못하고 있고, 지역과 계층별로 누리는 사회서비스의 격차가 큰 것이 지금의 현실이다. 누군가에게는 기본적인 삶이 보장되고 있지 못하다. 그래서 '모두에게' 기본적인 삶을 보장하기 위해서는 생애 끊김 없이 안정적으로 일정한 소득을 보장해야 하고, 필요한 사람이라면 지역과 계층에 상관없이 양질의 서비스를 보장받아야 한다.

이를 위해 생애 각 시기별로 다양한 형태의 소득지원 프로그램, 역량 개발을 지원해 소득을 보장할 수 있다. 아동수당과 청년기 자산형성, 자립지원, 어느 시점에서든 이용 가능한 역량개발과 교육지원, 노후를 위한 두터운 소득보장이 그 예시이다. 한편으로 의료, 돌봄, 주거, 교통 등 다양한 생활 속 서비스를 필요한 주민에게 제공하는 여러 지자체 사례 역시 소개했다. 일차의료와 의료의 공공성을 강화하는 국가적인 사업이 전제되어야 하지만, 지역에서 주치의와 의료협동조합으로 이를 보충하거나, 지역사회 통합돌봄으로 가까운 곳에서 돌보고 살아가는 서비스를 소개했다. 이를 공간적으로 구현하는 여러 형태의 지원·사회주택이 전국 방방곡곡에 공급되면 지역 간 격차 없는 서비스 보장이 가능해진다. 지역의 특성에 따라 다르게 제공되는 기본교통은 기본적인 이동권 보장에 기여한다. 이러한 기본사회 전략을 실현하는 데 있어 민주적으로 운영되고 꼭 필요한 재화와 서비스를 충분히 공급하는 데 기여하는 협동조합과 사회적경제가 중요하다는 점 역시 놓치지 않아야 한다.

기본사회는 이러한 요소들이 상호 맞물려 톱니바퀴처럼 돌아가야 하기 때문에 언뜻 복잡해 보일 수 있지만, 여러 지역에서 자율적이고 다양한 형태로 제공되기 때문에 누군가가 통제하는 것이 아니다. 국가는 큰 그림과 전반적인 방향을 제시하지만 많은 사람이 자발적으로 참여해 다 같이 만들어 가는 모습이기도 하다. 그래서 복잡한 유기체와 같고, 지금도 여전히 진화하고 있는 사회이다.

에필로그

헤매임의 끝
: 기본사회의 미래

지금까지 길지 않게(?) 기본사회에 대해 살펴보았다. 우리는 기본사회가 왜 필요한지, 기본사회는 어떤 점에서 자연스러운 사회인지, 기본사회의 철학적, 헌법적 근거는 무엇인지, 그래서 기본사회는 어떠한 구조를 갖추었으며, 기본사회와 성장은 같이 갈 수 있는 것인지, 기본사회를 구체적으로 움직이는 정책과 제도는 무엇인지를 이야기했다. 여기에서는 지금까지 이야기한 내용을 간략하게 돌아보고 우리의 미래에 대해 얘기해 보자.

지난 2024년 12월의 불법적 비상계엄이 신호탄이긴 했지만, 사실 우리 사회의 위기는 지난 수십 년간 여러 문제가 누적된 결과이다. 경제 성장의 엔진이 꺼져 가는 동시에 고령화가 심각해지고 불평등이 누적되었으며, 이를 교정할 조정 장치(복지)

가 없어 다른 국가보다 더 큰 충격을 받았다. 게다가 관세전쟁으로 드러난 국제적 불확실성, 앞으로 다가올 미래의 기후위기, 디지털전환으로 인한 일자리 위기와 산업의 국제경쟁력 약화는 엎친 데 덮친 격으로 우리를 습격했다. 이러한 위기를 해결하려면 사회적 대화와 타협, 정치가 중요한데 극우적 극단주의 세력의 출현과 기존 정치제도의 공전은 시민들의 민주주의에 대한 실망을 부채질했다.

    사람들은 여러 복잡한 문제가 동시에 닥치면 패닉에 빠진다. 여러 가지가 머릿속을 괴롭히니 단칼에 끊어 내버리고 싶은 심리가 발동한다. 알렉산더 대왕이 고르디우스의 매듭을 단칼에 끊어내듯 시원한 해결책을 바란다. 사실 윤석열정부의 등장은 그런 시원시원한 모습을 바라서일지도 모른다. 하지만 복잡한 문제일수록 하나하나 실타래를 따라가며 얽히고설킨 지점을 찾고, 대화를 통해 차분히 하나씩 풀어내는 인내와 의지가 필요하다. 문제의 처음으로 되돌아가 하나씩 따져 보는 일이 필요하다. 그래서 기본사회가 필요하다. 기본사회는 말 그대로 우리 사회의 처음, 기본을 찾자는 것이다. '기본이 되어야 한다'라는 말을 자주한다. 얼핏 기본만 하자는 것처럼 들려 김이 빠질지도 모르지만, 사실 기본을 갖추기는 굉장히 어렵고, 그간 우리 사회는 기본도 안 된 경우가 많았다. 기본노 안 된 것의 기본을 갖추는 것은 곧 멀쩡하지 않은 것을 정상화한다는 의미도 된다.

이러한 기본사회는 사실 인간의 본성상 자연스럽다. 얼마 전 선종한 프란치스코 교황은 문명이란 가장 약한 사람을 돌보고 책임지는 것이라 했다. 약하다고 해서 내팽개치는 것은 곧 야만이다. 그런 약육강식의 논리로는, 지금 당장은 승자가 이득을 취하겠지만 종국에는 자신보다 더 강한 자에게 잡아먹히거나 배신을 당할 뿐이다. 야만의 논리가 사회를 지배하면, 사회는 존속할 수 없다. 그래서 서로 돕고 힘든 사람을 돌보는 것은 사람의 본성에도 적합하고, 우리 사회가 번영하기 위해 필요하다. 우리는 이를 코로나19 시기를 통해서도 느꼈다. 그래서 기본사회는 다르게 표현하면, 다 같이 잘 살자는 것이고, 가장 살기 어려운 사람도 인간으로서 누려야 할 기본적인 것들은 누리자는 것이다.

이러한 기본사회는 하루아침에 하늘에서 뚝 떨어진 사회상이 아니다. 기본소득운동이나 보편적기본서비스 등 기본사회의 친척이 되는 개념이나 정책은 서구에서도, 우리나라에서도 많은 실험과 논의를 거치며 들여왔지만, 기실 기본사회의 정신은 우리의 제헌헌법에서도 담겨 있었다. 그래서 헌법제정을 주도했던 유진오 선생은 우리 헌법이 정치적 민주주의뿐만 아니라 사회적, 경제적 영역에서도 실질적 민주주의를 달성할 수 있게끔 하고자 했다고 했고, 헌법의 전문에 '각인의 기회를 균등히 해서 능력을 최고도로 발휘할 수 있게끔' 하려 한다고 썼다. 이는 곧 기본사회가 바라는 사회상이기도 하다.

국민과 정부 간의 계약서인 헌법은 국가의 주인인 국민이 누릴 수 있는 권리를 폭넓게 규정하고 있다. 헌법은 개요(총강)를 설명하자마자 2장에서 주인인 국민의 권리와 의무를 규정하며, 2장의 첫 조항인 10조에서는 모든 국민이 존엄한 존재로서 가치가 있고, 행복을 추구할 수 있다고 강조한다. 그리고 11조부터 37조까지, 2장의 모든 부분에서 각 조항별로 국민이 어떤 권리를 누릴 수 있는지 상세히 설명한다. 여기에는 법 앞의 평등, 신체의 자유부터 시작해서 정치적 표현의 자유, 거주이전의 자유, 직업선택의 자유를 비롯, 설사 헌법에 명시되지 않은 권리마저도 누릴 수 있고 국가가 이를 함부로 침해할 수 없다고 해두었다. 그런데, 우리 사회는 그간 여러 기본권 중 사회권의 보장에는 유독 취약했다. 교육받을 권리, 일할 권리, 건강할 권리, 빈곤에서 벗어나 기본적인 생활 수준을 보장받을 권리 등은 상대적으로 경외시되었다. 집과 약값, 병원비, 노후 생활비 등을 국가가 많이 책임지지 않았고, 그래서 널뛰는 사회가 되었다. 기본사회는 우리 제헌헌법의 정신으로 돌아가, 우리가 공화국을 처음 세울 때의 초심에서 시작해 모든 국민의 모든 기본권을 최대한 보장하겠다는 선언이다.

이러한 기본사회는 정의와 민주주의, 역량 향상과 지속 가능성의 네 가지 가치를 원칙으로 움직인다. 어느 한쪽에 치우치지 않고 가장 약한 사람도 손해 보지 않는 기회의 공정함, 국민이 보장받아야 할 권리의 범위와 내용을 주인 스스로 정하기 위한 정치질서, 구체적으로 삶의 향상을 위한 역량 접근, 기본사회가 세대를 넘어 번영하기 위한 가치 등이다. 기본사회라고 해서 모든 불평등이 완전히 사라지지는 않는다. 그건 가능하지도, 바람직하지도 않다. 적어도 기회의 불평등은 없애자는 것, 각자 같은 지점에서 출발할 자유는 주자는 것이 기본사회다. 그래서 지금까지의 한국 사회를 울퉁불퉁하고, 어디는 움푹 패이고 자갈이 구르는 모래 풀밭이라고 한다면, 기본사회는 고르게 잘 닦이고 잔디가 무성한 운동장이다. 모래 풀밭에서는 잘 뛰고 싶어도 제대로 달릴 수 없다. 누군가는 돌부리에 걸려 넘어져 다치고 주저앉지만, 일부 한 켠에 잔디가 잘 자라고 고른 곳에서 출발한 사람은 누구보다 편히 달린다. 누군가가 잘 달릴 수 있는지는 그 사람의 역량뿐만 아니라 노면의 상태도 중요한데, 우리는 그런 것은 고려하지 않고 그저 결과로써 사람의 역량을 평가해 왔다. '노면이 어떻든 잘 달려야지, 결국 네가 넘어진 건 네 능력 탓이야, 노오력이 부족했어'라고 말해 온 게 그간의 한국 사회다. 그런 것이 아니라, 일단은 같은 조건에서 뛸 수 있게 하고, 같은 조건에서 나타난 차이는 공정한 경쟁의 결과로 받아들이는 게 기본사회다. 한편으로 기본사회는 모두가 한 방향으로 뛰는 운동장도 아니다. 왼쪽으로 뛰고 싶으면 왼쪽으로 뛰고, 오른쪽으로 뛰고 싶으면 오른쪽으로 뛰어도 되며, 앞으로 달릴 사람은 앞으로 달리고, 잠깐 앉아서 쉬고 싶은 사람은 쉬어도 되는, 어느 방향으로든 자유롭게 가는 것이 기본사회다. 그런 기본사회에서 국가의 역할은, 운동장을 수시로 보수하고 잔디를 다지면서, 앉아서 쉬는 사람은 물도 전해 주고 다리도 주물러 주면서, 다시 일어나 뛸 수 있게 하는 것이다.

이를 위해 기본사회에서 국가는 삶의 기초적인 부분을 챙기고, 인생에 어느 시점에서든 기본적인 여건을 보장해 주어야 한다. 어느 지역에서 살든 격차가 없게끔 지역사회에 기반해 필요한 서비스를 지원해 주어야 한다. 다양한 정책실험으로 지역과 시기의 특성에 따라 어떤 정책이 국민에게 가장 잘 맞고 필요한지 알아보고 전달해 주어야 한다. 동시에 한 기업이나 개인이 선뜻 투자하기 어려운 산업이나 분야는 먼저 나서서 투자하고 지원해 그 결과를 사회에 확산시킨다. AI와 재생에너지가 대표적인 분야가 될 것이다. 이제 AI는 한두 기업의 투자만으로는 국제무대에서 경쟁력을 갖기 어려워졌다. 세계적 거대기업과 경쟁하려면 체급이 작은 우리로서는, 우리 사회의 역량과 지원을 한데 모아야 한다. 이러한 부분에 선도적으로 달려들어 '임무지향형 (mission-oriented)' 경제를 구축하고, 국가가 '기업가적'으로 역할을 하는 것이 기본사회에서 국가의 책무이다.

정부가 이러한 역할을 잘 해낸다면, 그래서 기회의 격차가 사라진다면, 보다 많은 사람이 좋은 교육을 받고 경제에 참여할 수 있게 된다. 많은 사람이 경제활동에 참여할수록 사람이 필요한 분야에 인재가 공급되고 혁신이 촉진된다. 다른 일을 하던 사람도 재교육과 훈련을 통해 다른 일자리로 쉽게 이동하고, 이는 곧 생산성과 성장률의 증가로 이어진다. 이건 우리만 하는 공상적인 얘기가 아니다. 이미 IMF나 OECD, 세계은행 같은 유수의 국제적 기구가 강조했던 참여성장, 진짜성장의 길이다. 국민이 참여하고, 기업이 주도하고, 정부가 지원하는 협력적 동반성장의 길은 그간 단절과 불신으로 멈췄던 사회에 신뢰와 타협을 불어넣을 것이다. 동시에 이 과정에 지구와 환경을 생각하는 기술이 확산한다면 기본사회는 세대를 넘어 번영할 수 있다.

이러한 과정은 일회성으로 끝나는 게 아니라 다시금 새로운 기본을 보장하고 더 많은 사람이 참여하는 선순환의 과정으로 이어진다. 경제가 성장하면 세수가 확대되고, 이를 다시금 기초를 다지는 자원으로 활용할 수 있게 된다.

이 점에서 기본사회를 베이스캠프(basecamp)라고 봐도 좋다. 우리가 에베레스트 정도 되는 고봉을 오른다고 생각해 보자. 예전에는 각기 출발하는 지점도 달라서 누군가는 중간에 포기하고, 반면 누군가는 편한 길로 빠르게 정상에 도달했다. 하지만 기본사회에서는 정부가 셰르파(짐꾼)가 되어서, 산에 오르는 모든 사람에게 해발 5,000미터의 1차 베이스캠프까지 갈 수 있도록 도와준다. 베이스캠프에서 휴식을 취하고 장비를 정비하면서, 체력을 회복하고 다시 2차 베이스캠프로 이동할 수 있도록 도와줄 것이다. 즉, 지금 기본을 갖추는 삶을 회복하는 것은, 더 높은 수준의 기본적인 삶에 대한 논의와 지원으로 이어지고, 우리를 더 높은 베이스캠프로 고양시켜 준다. 앞서 기본사회의 원칙 중 하나로 민주주의를 얘기했는데, 민주주의가 필요한 이유는 기본권의 범위와 내용을 정하고, 국가가 보장할 기본적인 삶의 수준을 정하기 위해서는 국민이 주인인 정체가 필요하기 때문이다. 예를 들어 지금은 중위소득의 30% 정도, 4인 가구 기준으로 월 200만 원이 안 되는 돈이 기초적인 소득보장을 위한 마지노선이지만 전반적인 소득의 수준이 높아지고 불평등이 줄어들면 기초보장을 위한 수준도 같이 높아질 것이다. 기본적으로 제공받아야 할 돌봄의 질이나 내가 돌보기 위해 필요한 육아휴직 기간도 더 늘어나고, 의료의 수준 역시 높아질 것이다. 기본적인 삶의 수준과 경제적 번영의 정도가 높아지기 때문에, 이에 맞춰 눈높이도 높아질 것이다. 80년대의 고도성장기만큼은 아니지만, 경제성장률도 높고 사회, 문화적인 성과도 좋았던 참여정부 시기의 사회적 화두가 웰빙(well-being)이었던 것은, 기본적인 것들이 보장됨에 따라 사람들이 단순히 '먹고 사는 것'을 넘어, '잘 사는 것'에 관심을 두기 시작했기 때문이다. 반대로 그 이후 우리 사회가 '극한의 가성비'를 찾게 된 것은, 기본적인 것이 무너지고 다시 '먹고 사는 것'이 어려워져서이기 때문일 것이다.

여튼, 기본적인 삶이 보장되면, 기존의 기본적 권리만 보장되는 수준이 높아지는 것이 아니라, 새로운 권리도 받아들여지고 아직 낯설은 권리도 심화될 수 있다. 보다 쾌적한 대기, 깨끗한 물에 대한 관심과 요구가 높아지고, 이를 정비하기 위한 정부의 역할도 확대될 수 있다. 한편으로 반려동물과 사는 사람이 늘었으니, 반려동물과 잘 살 수 있는 권리에 대해서도 논의될지 모른다. 사실 기본권은, 천부인권이긴 하지만, 역사적으로 계속 발전하고 확대되어 온 개념이다. 근대에는 신체의 자유와 사유재산만이 보장되었다면, 19세기부터 20세기 초에 걸쳐 표현의 자유를 얻기 위한 참정권 운동이 있었고, 그 역시 처음에는 성인 남성, 백인에게만 보장되었던 권리가 점차 다양한 인종, 여성으로 확대되었다. 그리고 20세기에 들어서는 인간다운 삶을 살 권리, 즉 사회권이 보장되는 식으로 넓어졌다. 앞으로 21세기에는 조금 전 얘기했던 것처럼, 환경에 대한 권리, 디지털 정보와 접근에 대한 권리, 동물에 대한 권리 등이 논의되고, 이를 얻기 위한 활동이 확산되고, 그 결과로 새로운 기본권이 등장할 것이다. 이러한 논의를 이어 가고 새로운 권리를 목록에 추가하기 위해서 민주주의가 필요한 것이기도 하다.

이러한 일련의 과정이 1차 베이스캠프를 넘어 2차, 3차 베이스캠프로 가는 여정이다. 정부는 그 과정에 계속 같이 짐을 들어 주고, 장비를 지원해 주면서 많은 사람이 더 높은 베이스캠프로 가기 위해 지원해야 한다. 그러다 보면 더 많은 사람이 정상에 도달할 수 있을 것이다. 우리는 그런 기본사회를 꿈꾼다.

주

1 전해지는 슬픈 시간: 위기의 원인

1   이코노미스트 인텔리전스 유닛(EIU)은 매년 전 세계 민주주의 지수를 발표하는데, 권위주의 체제, 하이브리드 체제, 결함 있는 민주주의, 완전한 민주주의 4가지로 구분한다. 한국의 민주주의 지수는 2024년 계엄 이후 완전한 민주주의에서 결함 있는 민주주의로 떨어졌다.
2   통계청. 2023. 장래인구추계: 2022~2072년; 통계청. 2023. KOSTAT통계플러스 2023년 여름호.
3   통계청. 2024. 2024년 8월 경제활동인구조사 근로형태별 부가조사 결과.
4   보통 학술적인 연구에서는 회귀분석(multiple regression)이나 임금 분해(wage decomposition)와 같은 연구 방법을 적용하는데, 이때는 성별을 제외한 다른 조건은 같다고 가정해서, 즉 남녀가 같은 일에 종사하는 경우의 차이도 구할 수 있다. 이 경우에도 국내의 연구를 대체로 검토하면 약 65~70% 정도의 남녀 임금 격차가 있다.
5   통계청. 2022. 2022년 임금근로 일자리 소득(보수) 결과.
6   서울의 PIR 지수는 KB부동산 자료, "소득대비 주택가격(PIR)", https://data.kbland.kr/kbstats/pir(검색일: 2024.12.02.)에서, 세계 주요 도시의 PIR지수는 Bertaud, Alain. 2019. 15th Annual Demographia International Housing Affordability Survey. Wendell Cox Consultancy. 물론, 대도시 중 서울보다 높은 곳도 있는데, 대표적으로 파리는 16.9 정도다.

7   OECD. 2022. National Account at a Glance. OECD: Paris.

8   통계청. 2023. 2023년 가계금융복지조사 자료. 정확한 가구당 평균 가처분소득은 5,482만 원이다.

9   한국경제신문.2022.04.11. "'SKY 학생'절반은 상위 20% 고소득층 자녀", https://www.hankyung.com/article/202204117757i?utm(검색일: 2024.12.21.)

10 세계일보. 2018.12.14. '[설왕설래]장래 희망' https://www.segye.com/newsView/20181214003446(검색일: 2024.12.30.)

11 오마이뉴스.2019.3.27."'장래희망? 건물주요'대답에 어른들이 해야 할 일". https://www.ohmynews.com/NWS_Web/Series/series_premium_pg.aspx?CNTN_CD=A0002521520(검색일: 2024.12.31.)

12 OECD Health Statistics. Suicide rates. https://www.oecd.org/en/data/indicators/suicide-rates.html(검색일: 2024.12.05.); 통계청. 2022. 연령대별 사망원인조사.

13 메디팜헬스.2024.03.19. "최근 5년새 20·30대 우울증 환자 급증…왜?",http://www.medipharmhealth.co.kr/news/article.html?no=98005(검색일: 2024.12.17.)

14 Helliwell, J. F., Layard, R., Sachs, J. D., De Neve, J.-E., Aknin, L. B., & Wang, S. (Eds.). 2024. World Happiness Report 2024. University of Oxford: Wellbeing Research Centre.

15 OECD, Income and Wealth distribution database. https://www.oecd.org/en/data/datasets/income-and-wealth-distribution-database.html(검색일: 2024.11.30.)

16 한국경제신문, 1994.11.19. "대기업그룹 공채 경쟁률". 한국경제신문 디지털 아카이브 https://plus.hankyung.com/apps/newspaper.past.

17 연합뉴스. 2014.09.30. "대기업 대졸 공채 시작…경쟁률 100대1 훌쩍", https://www.yna.co.kr/view/MYH20140930002000038(검색일:

2024.12.24.)

18 윤홍식. 2021. 『이상한 성공』. 한겨레출판사.
19 이러한 한국의 사회시스템을 가리켜 개발복지체제라고 이야기하기도 한다.
20 한국산업기술기획평가원. 2023. 2023년 산업기술 수준 조사결과 보고서.
21 물론 TSMC는 일본이나 미국에도 생산시설을 건립했지만, 대만의 시설이 핵심적일 수밖에 없다.
22 한국리서치, 2024.10.15.[기획] 2024년 여름, 어떻게 지내셨나요? https://hrcopinion.co.kr/archives/31103(검색일: 2025.01.03.)
23 질병관리청, 2024.10.13. [보도자료](10.14. 조간) 2024년 여름철 긴 폭염으로 온열질환자 응급실방문 전년 대비 31.4% 증가. https://www.kdca.go.kr/board/board.es?mid=a20501020000&bid=0015&list_no=726239&cg_code=&act=view&nPage=1&newsField=(검색일: 2024.01.03.)
24 대표적으로 Frey, Carl Benedikt and Michael A. Osborne. 2017. The Future of Employment: How Susceptible are Jobs to Computerisation?. Technological Forecasting and Social Change. 114.254-280. 한국에 대해서는 김세움. 2016. 기술진보에 따른 노동시장 변화와 대응. 한국노동연구원 보고서. 등을 참조.
25 실제로 이러한 경제를 '돌봄경제(Caring Economy)'라고 한다.
26 미래엔 교과서. 2020. 고등학교 정치와 법-정치의 의미. https://ebook.mirae-n.com/@kb2108/11(검색일: 2025.01.06.)
27 University of Groningen, Maddison Historical Statstics. https://www.rug.nl/ggdc/historicaldevelopment/maddison/(검색일: 2025.01.06.)
28 신필균. 2012. 『복지국가 스웨덴: 국민의 집으로 가는 길』. 후마니타스.
29 갤브레이스. 노택선 역. 2006. 『풍요한 사회』. 한국경제신문 출판사.
30 크리스티 앤더슨. 이철희 역. 2019. 『진보는 어떻게 다수파가 되는가: 미국의

뉴딜연합 1928~36년』. 후마니타스.

2 다시 만날 세계: 기본사회의 철학적 기초

31 최정규 외, 2018, 『이타주의자』. 사회평론. p. 129.
32 Axelrod, Robert. 1984. The Evolution of Cooperation. New York: Basic Books, Inc., Publishers.
33 최정규, 2004. 『이타적 인간의 출현』. 뿌리와 이파리. pp. 94~95.
34 최정규, 2004. 앞의 책. pp. 95~97.
35 최정규, 2004. 앞의 책. p. 102.
36 최정규, 2004. 앞의 책. p. 261.
37 최정규, 2004. 앞의 책. p. 125.
38 최정규, 2004. 앞의 책. pp. 127~128.
39 Berg, J. Dickhaut, J, and McCabe Kevin. 1995. Trust, Reciprocity, and Social History. Games and Economics Behavior. 10(1): 122~142.
40 김계수. 1983. 『구미정치사상사』. 일조각. pp. 99~122.
41 김계수. 1983. 『구미정치사상사』. 일조각. pp. 123~143.
42 김계수. 1983. 『구미정치사상사』. 일조각. pp. 160~178.
43 미노슈 샤피크. 이주만 역. 2022. 『이기적 인류의 공존 플랜』. 까치.
44 미노슈 샤피크. 앞의 책.
45 구체적으로 미노슈 샤피크가 주장하는 바를 정리하면, 첫째, 모두에게 최소한의 안정성을 보장한다. 모든 사람은 최소한의 인간다운 삶을 보장받아야 한다. 이 최소한의 수준은 나라가 제공할 수 있는 역량에 따라서 다르다. 둘째, 시민역량 강화에 최대한 투자한다. 생산적인 사회 구성원으로서 오래도록 공익에 이비지하는 기회를 창출하기 위해서는 가능한 한 많이 사람에 투자해야 한다.

사회는 공익을 위해서라면 인센티브를 제공하여 탄소 배출과 비만 문제처럼 사회 구성원이 원하지 않는 위험을 줄여나가야 한다. 셋째, 효율적이고 공평하게 위험을 분담한다. 너무 많은 위험을 엉뚱한 곳에서 부담하고 있다. 개인과 가족, 기업, 국가가 저마다 역할에 맞게 위험을 감당할 경우 더 효율적으로 위험을 관리할 수 있다(Shafik. 2022. pp. 239-240).

46 『정의론』에서 롤즈는 복합적 분배원칙들이 적용되는 영역들과 적용되는 우선순위를 체계적으로 제시하였다.

제1원칙: 각 시민의 기본권과 기본적 자유는 최대한 광범위하고 평등하게 보장되어야 한다(자유의 원칙)

제2원칙: 사회적, 경제적 불평등은 다음 두 가지 조건을 만족시켜야만 정당하다.

a) 그것이 소득과 부와 권한의 불평등 분배는 모두에게 혜택을 가져다주고 사회적 최소 수혜자들(the least advantaged)의 처지를 최대한 나아지도록 만들어 줄 때 정당하다(차등의 원칙; difference principle).

b) 사회경제적 지위와 무관하게 모든 사람들에게 공정한 기회가 보장되어야 한다(공정한 기회균등의 원칙)

제2원칙에 대해 제1원칙이 우선적이다. 다시 말해 제2원칙 중 차등의 원칙에 대해 공정한 기회균등의 원칙이 우선적이라는 것이며, 이를 정의의 원칙 간의 축차적 우선성(lexical priority)이라 한다.

47 Rawls, John. 1971, A Theory of Justice. Harvard University Press.

48 Ronald Dworkin. 2000, Sovereign Virtue. 염수균(역). 『자유주의적 평등』. 한길사.

49 Roemer, John 1998, Equality of Opportunity. Harvard University Press. Roemer, John. 2002. Equality of Opportunity: A progress report. Social Change and Welfare. 19(2): 455~471. pp. 455~456; Roemer et al. 2003. To what extent do fiscal regimes equalize opportunities for income acquisition among citizens?. Journal of

Public Economics. 87: 539~565. pp. 540~542.
50 이우진. 2012. "경제민주화와 기회의 평등". 한국경제포럼 5권 3호 5~25.
51 Axel Honneth, 2011, 문성훈 · 이현재(역), 『인정투쟁』, 사월의책.
52 Nancy Fraser and Axel Honneth, 2014, 김원식·문성훈(역), 『분배냐, 인정이냐?』, 사월의책.
53 Nussbaum, Martha.. 2011. Creating Capabilities: The Human Development Approach. Harvard Univ. Press. Ian Gough. "Lists and thresholds: comparing the Doyal-Gough theory of human need with Nussbaum's capabilities approach". Flavio Comim and, Martha C. Nussbaum(eds). 2013. Capabilities, Gender, Equality. Cambridge University Press.

3 변치 않을 사랑의 마음: 기본사회의 헌법정신

54 김도균. 2020. 『한국사회에서 정의란 무엇인가』. 아카넷. pp. 74~75.
55 김도균. 2020. 『한국사회에서 정의란 무엇인가』. 아카넷. p. 170.
56 김준일. 2010. 『헌법과 사회복지법제』. 세창출판사. pp. 6~7.
57 김준일. 2010. 『헌법과 사회복지법제』. 세창출판사. pp. 8~9.
58 이러한 기본권 사상의 구체적 실현으로서, 우리나라 〈사회보장기본법〉 제3조에서는 사회서비스를 "국가 · 지방자치단체 및 민간 부문의 도움이 필요한 모든 국민에게 복지, 보건의료, 교육, 고용, 주거, 문화, 환경 등의 분야에서 인간다운 생활을 보장하고 상담, 재활, 돌봄, 정보의 제공, 관련 시설의 이용, 역량 개발, 사회참여 지원 등을 통해 국민의 삶의 질이 향상되도록 지원하는 제도"로 정의하고 있다. 〈사회보장기본법〉 제3조는 사회서비스의 목적이 단순한 자원이나 문제 해결에 머물지 않고, 〈헌법〉이 보장하고 있는 '인간다운 삶의 보장'이라는 헌법정신을 구현하는 정책적 수단이라는 점을 분명히 밝히고 있다

(이성기. 2025. 『사회서비스론』. 양성원. p. 31).

4 슬픔은 이제 안녕: 기본사회의 원칙과 제도, 역할

59 공동생산(co production)은 오스트롬(Ostrom) 등의 연구자들에 의해 발전되어 1970년대 1980년대 공공행정 학자들이 주목한 개념이다. 공공동생산이란 서비스 이용자가 단순한 수혜자가 아니라 서비스의 기획과 생산, 전달에 참여하는 생산자 역할까지 수행하는 것을 의미한다(은민수 외. 2025. 『돌봄과 사회적경제』, 건강미디어협동조합).

60 Sen, Amartya. 1999. Development as Freedom, Anchor(『자유로서의 발전』, 김원기 역, 갈라파고스, 2013).

61 아마티야 센에 따르면, 기본적 역량에는 '충분한 영양과 보호를 받을 수 있는 재능, 피할 수 있는 병과 조기 사망률에서 벗어날 수 있는 재능 등'을 포함한다. Sen, Amartya. 1979. 'Equality of What?', The Tanner Lecture on Human Values, Stanford University; Sen, Amartya. 1992. Inequality Reexamined, Harvard University Press.

62 Ibrahim, S. S. 2006. 'From individual to collective capabilities: The capability approach as a conceptual framework for self-help. Journal of Human Development, 7(3), 397~416.

63 United Nations. 1987. Report of the World Commission on Environment and Development: Our Common Future.

64 Purvis, B., Y. Mao and D. Robinson. 2019. "Three pillars of sustainability: in search of conceptual origins", Sustainability Science, vol. 14, 681~695.

65 Raworth, K. 2017. Doughnut Economics: Seven Ways to Think Like a 21st-Century Economist, Chelsea Green Publishing(『도넛경제학』,

홍기빈 역, 학고재, 2018).

66 기본사회는 기초경제론과 가치, 원리, 실행 원칙 등을 공유한다. 최근에 발전하고 있는 현대 기초경제론은 2013년 '기초경제 선언문(Manifesto for the Foundational Economy)'(Bentham et al., 2013)이 발표되면서 본격적으로 논의가 시작됐다. 이 짧은 성명서에서는 기초경제 부문인 필수재화·서비스의 안정적 제공이 중요하다는 점에 초점을 두고, 기초경제의 재구성을 위한 방안(사회적 프렌차이즈 등)을 제시했다. 2018년에는 『기초경제: 일상적 삶의 인프라(Foundational Economy: The Infrastructure of Everyday Life)』(Foundational Economy Collective, 2018)라는 책을 발간하면서 현대 기초경제론의 이론적 체계가 제시되었다. 이 책에서는 영국에서 기초경제의 중요성을 시민권 개념과 연계하여 분석하고 기초경제의 정책 추진을 위한 전제조건(기초경제 우선순위에 대한 시민 의견수렴, 사회 라이선스 도입 및 중소기업·사회적기업 장려, 세제 혁신을 통한 국가 재정의 재조정 등)이 제시되었다. 그리고 2023년에는 『아무것도 작동하지 않을 때: 생계비에서 기본적 살만함으로(When Nothing Works: When nothing works: From cost of living to foundational liveability)』(Calafati et al., 2023)라는 책을 통해 기초경제론의 이론체계가 좀 더 정교화되었다. 이 책에서는 기초경제의 시민권 접근을 한층 강조하고, 기초경제의 3대 구성요소를 제시했다. 또한, '적응적 재사용'이라는 개념을 도입하여 기후변화 등 생태적 위기에 대한 대응을 기초경제론에 포함했다.

67 홍기빈. 2020. 『아리스토텔레스, 경제를 말하다』, 책세상.

68 Bentham, J. 2013. 'Manifesto for the Foundational Economy', CRESC Working Paper 131, Centre for Research on Socio-Cultural Change.

69 Acemoglu, A. and J. A. Robinson. 2012. Why Nations Fail: The Origins of Power, Prosperity, and Poverty, Crown Currency(『국가는 왜 실패하는가』, 최완규 역, 시공사, 2012).

70 Coote, A. and A. Percy. 2020. The Case for Universal Basic

Services, Polity Press(『기본소득을 넘어 보편적 기본서비스로』, 김은경 역, 클라우드 나인, 2021).

71 규모의 경제는 생산 규모가 커질수록 평균비용이 줄어드는 상황을 의미한다. 특히 생산에 필요한 고정비용이 매우 큰 경우, 생산이 늘어나더라도 고정비용이 거의 증가하지 않기 때문에 규모의 경제가 나타나는 경향이 강하다.

72 공동생산이 민주주의를 실질적으로 강화하기 위해서는 몇 가지 중요한 과제들을 해결해야 한다. 우선 시민참여를 보장하는 법적 · 제도적 장치를 마련해야 하고, 참여 플랫폼과 채널을 다양화해야 하며, 이를 위한 적절한 자원과 지원체계를 확보해야 한다. 또한 시민들의 참여 역량을 강화하기 위한 교육이 필요하며, 공무원과 전문가들의 인식도 전환해야 한다. 협력적 거버넌스의 구축 역시 중요한 과제이다.

73 5장에서 설명하겠지만, UN의 아동권리협약도 아동을 18세 미만으로 규정하고 있으며, 주요 국가는 18세 미만의 모든 아동에게 아동수당을 지급하고 있다. 우리나라도 아동을 18세 미만으로 규정하고 있는데, 현실적으로 고등학교를 졸업하는 나이를 고려하여 18세까지 아동수당을 지급할 필요가 있다. 오스트리아에서는 18세까지 아동수당을 지급하고 있으며, 자녀가 교육 · 훈련을 받고 있거나 심각한 장애가 있는 경우에는 24세까지 아동수당을 연장하여 받을 수 있다.

74 보편적 기본서비스는 2017년 영국 Institute for Global Prosperity(IGP)가 발간한 보고서(Portes et al., 2017)에서 처음으로 제안되었다. 그리고 영국 노동당의 예비 재무부장관(Shadow Chancellor)인 John McDonnell는 2018년 New Economics Conference에서 '보편주의(universalism) 원리'의 확장을 역설하면서 기본서비스를 지지하는 발언을 했고, 2019년에 영국 노동당은 IGP에서 제안한 기본서비스 개념을 수용하여 『기본서비스: 좋은 삶을 위한 권리』(Labour Party, 2019)라는 책자를 발간하면서 이론적, 실천적 논의가 확산하기 시작했다. 영국에서 기본서비스에 관한 논의가 활발해진 이유는 2008년 글로벌 금융위기 이후 모든 사람에게 기본적인 삶의 질을 보장하기 위한

공공서비스를 무료 또는 저렴한 비용으로 이용할 수 있게 해야 한다는 영국 국민의 공감대가 형성되고 있었기 때문이다. 무상으로 제공하는 영국 국가보건의료서비스(NHS)나 공교육과 같이, 다른 기본적 욕구도 무상으로 제공해야 한다는 요구가 증대한 것이다. 더욱이 코로나19 팬데믹을 거치면서 공공보건의료의 중요성이 커진 것도 기본서비스에 대한 관심이 높아진 배경이었다. Portes, J. et al. 2017. 'Social prosperity for the future: A proposal for Universal Basic Services', Social Prosperity Network Report, Institute for Global Prosperity: University College London; Labour Party. 2019, 'Universal basic services: The right to a good life'.

75 Gough, I. 2019, 'Universal basic service: A Theoretical and Moral Framework', The Political Quarterly, 90(3), 534~542.

76 Bentham, J. 2013. 'Manifesto for the Foundational Economy', CRESC Working Paper 131, Centre for Research on Socio-Cultural Change.

77 현대적 의미에서 사회자본에 대한 논의를 촉발시킨 피에르 부르디외는 사회자본을 '지속적인 네트워크 혹은 상호 면식이나 인정이 제도화된 관계, 즉 특정한 집단의 구성원이 됨으로써 획득되는 실체적이거나 잠재적인 자원의 총합'으로 정의한다(Bourdieu, 1986). 한편, 로버트 퍼트남은 호혜성을 강조하면서 사회자본의 구성요소로서 네트워크, 규범, 신뢰 등을 제시한다. Bourdieu, P. 1986. "The forms of capital", in Richardson, J. G.(ed.), Handbook of Theory and Research for the Sociology of Education, Greenwood; Putnam, R. D. 1995. "Bowling alone: America's declining social capital", Journal of Democracy, 6, pp. 65~78.

78 Kelsey, T. and M. Kenny. 2021. 'Townscapes: The value of social infrastructure', Policy Report Series, Bennett Institute for Public Policy; Klinenberg, E. 2018. Palaces for the People: How Social Infrastructure Can Help Fight Inequality, Polarization, and the

Decline of Civic Life, Crown.

79 Weeks, J. 2019. 11. 13, 'Universal Basic Income and Universal Basic Services: a Synthesis for the Election'. Policy Research in Macroeconomics.

80 이러한 주장에 대해서는 Mazzucato, M. 2023. Mission Economy: A Moonshot Guide to Changing Capitalism. Harper Business. 등을 참조. 마추카토는 정부가 디지털전환, 기후위기, 팬데믹, 복지국가 등 주요하고 거대한 국가 과제에서 선도자로서 목표를 설정하고 과감하게 재정을 투자해, 산업과 기업의 혁신을 촉진하고 성과를 달성해야 한다고 설명한다. 1960년대 미국의 아폴로 미션이 가장 대표적인 사례이고, 우리 역시 경제발전과정에서 국가가 이러한 역할을 수행했다. 에너지고속도로, 기본사회 구축, 미래의 팬데믹 위기 대비, AI 전환이 우리 정부가 주도적으로 수행해야 할 과제에 해당한다.

81 예를 들어, 디지털 전환과 에너지·생태 전환의 과정에서 기존 일자리의 전환이 불가피하므로, 노동자의 직무 강화나 직무 전환을 위해 생애 전과정에서 누구나 언제나 어디서나 스킬(skill)을 체득할 수 있는 역량 강화 프로그램을 기본서비스로 제공할 수 있다.

82 우리는 이를 '사회임금(social wage)'이라고 부른다. 사회임금은 국가가 제공하는 복지혜택을 금액으로 환산한 것이다. 예를 들어, 정부의 무료 대중교통 정책은 가계의 교통비를 절감시켜 그만큼 가계소득(잔여소득)을 증가시키는 효과가 있으므로, 정부가 대중교통을 이용하는 사람들에게 임금을 지급한 것과 같다고 보는 것이다. 시장이 존재하지 않는 공공서비스·재화를 정부가 제공하는 경우에도 그 가치를 금액으로 환산할 수 있는 여러 방법이 있다.

83 국제노동기구(ILO, 2018)는 2015~2030년 동안 한국에서 돌봄일자리가 200만 개 이상 증가할 수 있다고 예측한다. ILO. 2018. Care work and care jobs for the future of decent work.

84 기본일자리는 사회적 문제 해결 프로젝트나 시대적 도전에 대응하기 위한 인

프라 구축에 실업자들을 대규모로 참여시켜 일을 통해 경험을 축적하고 경력을 형성하게 하는 프로그램이다. 1930년대 대공황 시기에 미국의 청년 실업 문제를 해결하기 위해 시행했던 '시민국토보전단'은 하나의 예다. 우리는 시대적 상황에 맞게 한국형 기본일자리 모델을 기획할 수 있다.

85 15~64세 한국 여성의 노동시장 참여율은 2023년 기준으로 OECD 38개 회원국 중에서 31번째로 하위권이며, OECD 평균인 66.7%보다 낮은 63.1%에 불과하다. 미국 69.9%, 영국 74.8%, 프랑스 71.2%, 일본 75.1%에 비해 매우 낮은 수준이다. 여성의 노동시장 참여율을 주요 국가의 수준만큼 올릴 수 있다면, 저출생으로 인한 경제성장 둔화를 일부 상쇄할 수 있다.

86 소득 보장을 위한 기본생애소득이나 의료·보건, 교육 등 균등한 질을 보장해야 하는 기본서비스는 국가 단위에서 제공하고, 돌봄, 직업훈련 등 지역 특성이 강한 기본서비스나 기본인프라는 광역 단위나 기초지자체 단위에서 제공하는 것이 합리적인 방안이다.

87 핀란드, 스웨덴, 노르웨이, 덴마크 등 사회보장제도가 잘 갖추어져 있어 소득불평등도가 낮고 실질적 기회의 평등을 구현하고 있는 국가에서 환경규제를 잘하는 것으로 나타난다. Wilkinson, R., K. Pickett and R. De Vogli. 2010, 'Equality, sustainability, and quality of life', British Medical Journal, 341, 1138~1140.

88 예를 들어, 공유자산으로 등록 가능한 모든 지식·정보를 디지털 형태로 전환하고 '디지털 지식커먼즈 플랫폼(e-commons platform)'을 구축하여 기본서비스로 제공할 수 있다. 현재 절판되어 구하기 어려운 출판물이나 비조직적으로 산재해 있는 영상물 등을 수집하여 체계적으로 디지털화하는 것이다. 프랑스의 국립도서관(BnF)이 소장한 서적과 각종 자료를 디지털화한 디지털도서관 플랫폼 '갈리꺄(Gallica)'의 사례를 참고할 수 있다. https://gallica.bnf.fr/accueil/en/content/accueil-en

5 특별한 기적은 아닌: 기본사회의 정책과 사례

89 기초생활보장제도는 지원하는 급여의 성격에 따라 생계, 의료, 주거, 교육으로 구분된다. 그리고 각각의 급여마다 기준이 달라서, 생계지원을 위한 생계급여는 중위소득의 32%, 의료 지원을 위한 의료급여는 40%, 주거급여는 48%, 교육급여는 50%이다.

90 2015년 교육급여에서 부양의무자 기준을 폐지한 이후 주거, 생계급여에서 순차적으로 부양의무자 기준이 폐지되었고, 현재는 의료급여만 부양의무자 기준이 남아 있다.

91 물론 예전에 사회주의였던 동구권 국가들은 사회주의의 유산 때문에 경제 규모에 비해 빈곤율이 낮다. 그리고 영국이나 미국 같이 복지가 시장 중심으로 운영되는 나라도 빈곤율이 높은 편이다. 다만 영국은 평균 11% 정도로 우리보다 낮다. 미국은 15~18% 정도라 우리와 비슷하거나 약간 높다.

92 OECD. 2023. Pension at a Glance 2023(한눈에 보는 연금 2023). 최근의 국내통계로는 37% 정도로 추산하기도 한다.

93 기초연금은 소득 하위 70%에 대해 최대 1인당 약 33만 4천 원을 지원한다. 이를 기준연금액이라 한다. 그런데 자신이나 배우자가 국민연금을 받으면 일정 금액이 감액된다. 감액은 최대 절반까지 되어서, 가장 적으면 16만 7천 원을 받는다. 이를 감액 규정이라하는데, 기초연금을 하위 70%에게 모두 동일하게 지급하면 소득 격차가 커지기 때문에 도입되었다. 이러한 감액규정에 문제가 많다는 지적이 적지 않다. 여튼, 국민연금공단의 통계를 보면 2024년의 국민연금 평균 수급액은 67만 원 정도인데, 이 중 기초연금 감액이 적용되어 대략 25만 원 정도를 평균적으로 받으면 92만 원 정도가 공적연금 수급액이다. 국민연금수급액은 국민연금공단에서, 기초연금은 보건복지부에서 따로 통계를 확인해야하고, 개인마다 감액규정이 다르게 적용되어 정확한 통계를 구하는 것이 쉽지는 않지만 이는 국제통계자료를 통해 알려진 우리의 소득대체율(평균 31.2%)과도 대체로 일치한다.

94   2025년 국민연금 A값(최근 3년 가입자 전체의 월평균 소득액)은 308만 9천 원 정도이다.

95   우리 연금의 소득수준이 불충분한 것에 대해 소득대체율이 낮기 때문이라는 지적이 있지만, 자세히 말하면 앞서 얘기한 기초연금의 감액규정이나, 흔히 우리가 'A값'이라 부르는, 국민연금의 산식에도 많은 문제가 있다. 연금책이 아니니 여기서 이를 자세히 얘기하긴 어렵지만, 소득대체율이 낮은 것 외에도 우리 국민연금은 가입기간이 너무 짧다. EU의 고령화 보고서(Ageing Report)를 참조하면 유럽 주요 국가의 평균 연금가입기간은 40년 정도인데, 우리는 약 16.5년에 그친다. 이는 우리가 군대나 대학 졸업 때문에 노동시장 진출 연령이 늦는데다 최근에는 청년실업까지 가중되며 보험료를 납부하기 시작하는 기간이 긴 점, 여성은 출산과 육아로 인한 경력단절, 남성도 이른 첫 일자리에서의 퇴직과 자영업자로의 전환 등 여러 노동시장 요소가 맞물려 가중된다. 그래서 본문에서 언급했듯 우리 국민연금은 사각지대가 전체 가입 대상자의 35~40%로 상당히 넓고, 수급권을 얻기 위해 필요한 의무가입기간 10년을 채우지 못하는 경우가 많다. 채우더라도 가입기간이 짧으니 수급액이 적을 수밖에 없는 것이다.

96   물론 연금은 정확히 말하면 본인의 돈을 넣어 두었다 이자를 쳐서 그대로 찾는 게 아니다. 연금기금에 가입자의 돈을 모아 그 돈으로 투자를 해 불리고, 지금의 노인에게 연금을 지급하므로 엄밀한 의미에서 저축한 돈을 찾는 것은 아니다. 연금은 운용 방식에 따라 부과식, 적립식, 부분적립식 등으로 구분되는데, 우리 연금은 부분적립식으로, 현재의 근로 세대가 내는 보험료와 기존의 기금을 합쳐 현재의 노인에게 지급한다. 다만 여기서는 이해를 쉽게 하기 위해 저축으로 표현했다.

97   보건복지부 홈페이지(https://www.mohw.go.kr/) 및 저출산고령사회위원회 홈페이지(https://www.betterfuture.go.kr/)(검색일: 2025.2.24.).

98   고용노동부 고용형태별 근로실태조사. 월평균임금(명목). 지표누리(https://www.index.go.kr) 검색결과 (검색일: 2025.2.24.)

99 최영. 2017. 세계 각국 아동수당제도의 성격 및 유형. 국제사회보장리뷰 2017년 가을호. 통권 2호.5-15.

100 한승주, 최충. 2019. 아동수당과 합계출산율: OECD 국가를 중심으로. 한국경제포럼.제 12권 1호. 27-55.

101 경기도 청년기본소득 정보. 경기도청 홈페이지. (https://www.gg.go.kr/); 서울시 청년수당 정책정보. 서울시 청년몽땅 정보통(https://youth.seoul.go.kr/) (검색일: 2025.02.25.)

102 은석, 이혜림. 2021. 청년수당은 수급자들의 노동시장성과를 증진하였는가. 비판사회정책. 통권 71호. 197~228; 유영성 외. 2020.경기도 청년소득 정책효과 분석(Ⅱ): 사전 및 사후조사 비교. 정책연구. 2020.12. 1-244; 이승주. 2019. 청년기본소득 도입의 효과 분석: 소득재분배 및 빈곤완화를 중심으로. 정부학연구. 25권 1호. 89~131; 김오름·김민수. 2022. 청년의 삶의 만족에 대한 기본소득의 영향에 대한 연구 – 성남시 청년배당을 중심으로 -. 사회복지정책.49권 2호. 71~99.

103 민주연구원. 2025. 2025 불평등보고서.

104 중장년층의 첫 일자리 관련 통계는 한신실. 2018. 이행노동시장과 중고령자의 노동경력, 2018년 한국복지정책학회 춘계학술대회 발표문을, 청년층 이직에 관한 특징은 통계청,2023.5. 2023년 5월 경제활동인구조사.에서 확인할 수 있다.

105 앞서 미주 95에서 우리 국민연금 평균 가입기간이 16.5년이라고 했는데, 일련의 연구에 의하면 앞으로 연금 제도가 성숙해도 평균 가입기간은 20년대 초반에 머무를 것이라고 한다. 이는 이미 설명했지만, 늦은 노동시장 진출과 잦은 실직, 이직, 높은 자영업 비율, 경력단절 등의 요소가 복합적으로 영향을 미치고 있기 때문이다.

106 모수(母數)는 parameter, 즉 연금 제도의 운영에 영향을 미치는 '숫자'를 의미한다. 보통 수학이나 통계학에서 표본을 추출한 모집단의 특성을 나타내는 개념이다. 그래서 통상 모수개혁이라하면 보험료율이나 소득대체율, 연금 수

급 연령 등을 조정하는 것을 의미한다. 반면 구조개혁은 여러 연금제도들 간의 관계를 조정하는 개념이다.

107 이를 기준시간(60분) 내 의료이용률이라 한다. 관련 기사는 다음과 같다: 연합뉴스. 2023.09.03. '1시간 내 응급실 이용'서울 90%·전남 52%…의료접근성 격차 커, https://www.yna.co.kr/view/AKR20230902043700530(검색일: 2024.10.18.)

108 김진범, 이소현, 심혜민, 오남경. 2023. 지역 간 교통격차. 균형발전 모니터링 & 이슈 Brief 제12호. 국토연구원 보고서.

109 Coote, Anna, Kasliwal, Pritika and Percy, Andrew. 2019. Universal Basic Services: Theory and Practice. IGP Report. UCL: Institute for Global Prosperity.

110 IGP는 여기에 더해 ⑦ 영양과 ⑧ 민주주의와 사법서비스 역시 포함했다. 영양도 우리 실정에는 극빈에 시달리는 빈곤층, 특히 저소득 독거 노인이나 보호자가 없는 영유아에게 필요한 서비스다. 민주주의와 사법서비스는 의아할 사람이 많지만, 사실 법적 분쟁은 생애 누구든 빠질 수 있는 문제이면서 큰돈이 드는 문제이기에 소득과 배경에 따라 격차가 생길 수밖에 없는 부분이다. 다만 여기서는 두 영역은 따로 논의하진 않겠다.

111 사회주택은 흔히 우리가 말하는 공공임대주택을 의미하기도 한다. 다만 그간 주거정책의 문제점 때문인지, 공공임대라 하면 사람들이 부정적으로 보는 면이 있다. 유럽의 사회주택은 공공이 임대하긴 하지만 운영 주체나 공급 규모, 수혜를 받는 대상 등에서 한국과 차이가 있는데, 우리도 이제는 공공임대가 아닌 사회주택으로 전환해야 할 것이다.

112 국가법령정보센터, 협동조합기본법(https://www.law.go.kr/).

113 국가법령정보센터, 사회적기업육성법(https://www.law.go.kr/).

기본사회
다시 만날 세계의 이야기

글 이한주, 은민수, 김정훈, 신영민
발행일 2025년 6월 30일 초판 1쇄

발행처 다반
발행인 노승현
출판등록 제2011-08호(2011년 1월 20일)
주소 서울특별시 마포구 양화로81 H스퀘어 320호
전화 02-868-4979 **팩스** 02-868-4978

이메일 davanbook@naver.com
인스타그램 @davanbook

ⓒ 2025, 이한주, 은민수, 김정훈, 신영민

ISBN 979-11-94267-32-4 03330